카스테라와 카스텔라 사이

카스테라와 카스텔라 사이

고영 지음

초판 1쇄 발행 2019년 11월 25일
초판 2쇄 발행 2020년 8월 25일

펴낸곳 포도밭출판사
펴낸이 최진규
등록 2014년 1월 15일 제2014-000001호
주소 충청북도 옥천군 옥천읍 성신로 16, 필성주택 202호
전화 070-7590-6708
팩스 0303-3445-5184
전자우편 podobatpub@gmail.com
홈페이지 podobat.co.kr

ISBN 979-11-88501-10-6 03910

이 도서의 국립중앙도서관 출판예정도서목록(CIP)은
서지정보유통지원시스템 홈페이지(http://seoji.nl.go.kr)와
국가자료공동목록시스템(http://www.nl.go.kr/kolisnet)에서
이용하실 수 있습니다. (CIP제어번호 : CIP2019045221)

이 도서는 한국출판문화산업진흥원
'2019년 우수출판콘텐츠 제작 지원' 사업 선정작입니다.

이 책은 저작권법에 따라 보호받는 저작물이므로
무단 전재와 복제를 금합니다.

책값은 뒤표지에 있습니다. 잘못된 책은 바꾸어 드립니다.

카스테라와
카스텔라
사이

음식문헌 연구자 고영이
읽고 먹고
생각한 것들

고영 지음

포도밭

서문

구체적인 행위, 사물의 구체적인 모습, 동작의 실제… 몇 해 음식에 관한 글을 쓰며 내내 머릿속에 얽힌 말이다. 마음만큼은 늘 여기를 향한다.

먹다 생각하고, 생각하다 읽고, 읽다가 쓴 자취로서 지나치게 잡스럽지 않나 걱정도 했다. 세상에는 한 번 보고 지나치면 그만인 글이 있고, 책에 묶을 만한 글이 따로 있지 않나 걱정도 했다. 그러다 최진규 사장 겸 편집자의 격려에 넘어갔다. 넘어가며, 묶어 펴낸 덕분에 내 반성의 밑천을 마련할 수 있으리란 생각을 가만히 해보았다. 그리고 보니 다만 고전 문학을 번역하며 먹고살던 사람에게, 네가 읽은 문헌을 바탕으로 음식 글을 좀 써보라고 격려한 분들이 떠오른다.

음식을 둘러싸고 네가 잘 모르겠다고 갸웃대는 데, 아직은 궁리가 더 필요하다고 망설이는 데가 곧 네 글감이다라고 해준 분들이 있었다. 맞다. 옛글 가운데 음식을 마련해 드디어 한 입 목구멍에 밀어 넣는 장면이야말로 옮기기 가장 까다로운 데였다. 예전의 밥 짓기, 상 보기란, 오로지 사람의 노동력만으로 연료를 획득하고 물을 긷는 데서 시작했다. 그래서 뭐든 먹을 게 됐으면, 그것만으로 우선 장하고 대단했다. 그러다 최근 백 년 세상이 바뀌었다. 사람의 감각도 바뀌었다. 실내로 들어온 연료, 상하수도, 전기 동력과 조명에 힘업어 배가 터지도록 먹고, 먹으면서 만인이 만인에 대해 음식 평론가 노릇을 하게 되었다.

"서민대중의 일상 끼니가, 일상 음식이 엉망이라는 점이 먼저 떠오릅니다. 일상이 무너진 가운데 선망으로 키우는 환상, 거기에 오늘날의 음식 문화와 담론이 자리하지 않나 합니다. 모두들 음식에 대해 할 말이 있지만 실제로는 지난 역사에도, 오늘에도 성의가 없어 보입니다. 이 또한 냉정하게 파고들 만한 인류학 탐구 주제고 민속학 탐구 주제입니다. 먹어 본 적도 없는, 먹을 수도 없는 음식으로 쌓는 탑과 같은 담론 말입니다."

몇 해 전 한 매체와 나눈 인터뷰에다 털어놓은 내 속내이다. 뜬세상의 먹는 소리, 나까지 껴들어도 되느냐, 오늘도 조마조마할 뿐이다. 그저 이 '조마조마함' 또한 당대의 한 자취는 아닐까, 다시금 달아나는 말을 중얼거릴 따름이다.

주저하는 만큼 쓰라고, 걱정하고 위축된 그 마음을 드러내라며 대중매체로 이끌어준 함성호 시인, 대구경북과학원 임태훈 교수, 〈시사IN〉 차형석 기자께 감사드린다.

졸문난필과 세상 사이에 통로를 내준 〈문예중앙〉 박성근 편집장, 〈한국일보〉 조태성 기자, 〈경향신문〉 김재중 기자, 〈시사IN〉 이오성 기자, 〈모닝캄〉 다카하시 유키^{高橋優希} 편집자께 감사드린다.

2019년 겨울
글쓴이

차례

서문　　　　　　　　　　　　　　　　　　　　5

아, 침이 고인다

육도, 두 자의 뭉클함	15
설렁설렁 설렁탕	19
냉면 먹방	23
아, 침이 고인다	30
김치 회상	34
빙수 한 그릇	38
간단하게 국수나?	47
빵과 과자는 다릅니다	51
한국 빵 문화사의 원형	55
카스테라와 카스텔라 사이	64
하루쯤은 달콤하고 싶다	67
비빔밥 한 그릇 앞에서	71
소금 한 톨에 깃든 사연	75
음식이 만든 풍경들	97

떠나고 먹고 감각하다

떡국 단상	117
소 한 마리	125
허균, '먹방의 추억'	130
심노숭 생각	134
아리고 쓰린 카스테라 담론	137
이기지, 떠나고 먹고 감각하다	141
외래술과 피개화	160
맥주나 한 잔	178
사케, 청주, 정종	183
소주 한 병의 풍경	188
겨울이 깊어가는 대설	194
새봄을 기다리는 동지	203
봄의 절정 청명	209
가을걷이를 내다보는 입추	218

온전한 밥 한 그릇

계란찜은 서비스고 수플레는 만 원이냐?	227
한식의 제일선에 있는 그 사람, 찬모	232
'밥하는 아줌마 망언'에 부쳐	236
한국인은 돼지고기를 사랑한다고?	241
복날 먹는 거?	244
아직 잘 써본 적이 없는 상상력	247
차례 앞두고 기억할 말, 가가례	251
한식 세계화 유감	255
온전한 밥 그릇을 누리는 삶	265
자료출처 및 참고문헌	269
찾아보기	274

아, 침이 고인다

융도,
두 자의 뭉클함

김제들 융도^{戎稲} 쌀 옥보다 윤나도록 깨끗이도 찧었네.
닭국은 깨즙 넣어 부드럽게 끓여 내고 잉어회에는 알싸한 겨자장
　　곁들였네.
부추김치는 자못 매콤하고 미역국에는 푸른빛 더욱 감도네.
무는 사철 내내 먹기 좋아 채소 가운데 으뜸이라.
은실처럼 가늘게 채 쳐 상에 올리니 차림새가 조촐하네.[1]

길가의 콩잎이 누렇게 타는 삼복, 전라도 장계를 지나던 종사품 벼슬아치 장 파총^{把摠}[2]이 그 마을 백정집에 저녁을 청한다.

1　金堤戎稲飯, 精鑿潤於玉. 鷄瀋荏糝滑, 鯉膾芥醬馥. 韮葅味稍辣, 海帶羹更緑. 蔓菁食四時. 菜族為宗祖. 縷切銀絲細, 登盤粲可數.
2　파총은 종사품 무관 벼슬의 이름이다. 장 파총의 이름은 이 작품 속에 나오지 않는다.

가장과 삼형제가 도축만이 아니라 장사에도 힘써 부를 이룬 집이었다. 그런데 주인은 고명딸 방주를 시켜 앞서 본 것처럼 저녁을 차리고도 제대로 된 식기가 없어서 부끄러웠다. 하지만 나그네는 아무렇지 않았다. 하늘은 귀천을 가리지 않으니 사발이고 밥통이고 되는 대로 먹자고 했다. 밥상을 물리고는 주인에게 "뜻이 맞으면 모두 친구"라고 말했다. 자신은 하느님이 사람 사이에 계급을 나누었다는 소리를 들은 적 없다며 다독였다. 장 파총은 실은, 동네 시냇가에서 이 집 딸 방주를 이미 만났다. 나그네는 물 한 사발 떠 주는 사이에도 엿보이는 이름 모를 소녀의 찬찬함에 단박에 반했다. 다시 이 집에서 방주가 밥상 차리고 내는 모습을 보고는 결심을 굳힌다. 방주를 내 며느리 삼겠다!

　　김려 金鑢, 1766~1822가 남긴 서사시 〈고시위장원경처심씨작古詩爲張遠卿妻沈氏作〉은 구절마다 놀라운 대목이 깃든 걸작이다. 미완성작이라 장 파총과 백정의 정혼 이후는 알 수 없어 안타깝지만. 몰락 양반 출신 장 파총이 젊은 날 양양에서 영종도에 이르는 바다를 돌며 호연지기를 키우는 장면 또한 장쾌하기 이를 데 없다. 조기, 준치, 도다리, 송어, 전복, 숭어, 민어, 명태 어업을 접한 장 파총은 거기 깃든 노동과 생태 문제 또한 현대인처럼 감각했다. 그러고는 걱정한다. 하늘이 낸 생명을 마구 잡다가는 어획의 기쁨도 잠깐이고, 우리는 쓸쓸한 처지를 맞닥뜨릴 거라고. 장 파총의 청혼은 장난이 아니었다. 탁 트인 마음은 자수성가의 밑천이 되었을 뿐 아니라 생명을 애처로이 여기는 마음, 백정을 혼인 상대로 대할 수 있는 마음으로도 자랐다.

어느 분은 이 작품에서 막 꿈틀거리는 생태주의와 여성주의를 건져 올리기도 할 테다. 어느 분에게는 조선 후기 어업사가 삼삼할 테다. 그런데 내게는 "융도^{戎稻}" 두 자가 뭉클하다. 오랑캐 '융', 벼 '도'. 또는 이를 '조'를 넣어 융조도^{戎早稻}라고도 썼다. 거칠게 요약하면, 건국 초기 조선의 북쪽 끝, 여진과 접경을 이룬 추운 데서 나는 벼가 곧 융도, 융조도이다. 훈민정음으로는 "되오리" "되올리" "되오려" "되올려" 등으로 써 오랑캐 땅에서 유래한 조생종임을 나타냈다. 조선은 건국 초기부터 조생종 벼 획득에 힘을 기울였다. 보리를 먹어치우고, 가을에 본격적으로 벼를 거두기 전, 조생 벼가 식량의 징검다리 노릇을 하기 때문이다.

아울러 냉해를 견디는 품종을 확보한다는 의의도 있었다. 되오리와 함께 거론되는 "어름것기" "빙석도^{氷析稻}" "빙도"와 같은 품종 기록도 예사롭지 않다. 얼음이 막 풀리는 즈음에 파종 가능한 품종이란 뜻이다. 물론 오늘날과 같은 육종을 통해 새 품종을 낼 수는 없었다. 그래도 나라는 궁리했다. 1438년 세종 20년 4월 4일, 의정부와 세종은 조선 최북단 고을인 여연, 강계, 자성에서 조생벼 볍씨 25석을 확보해 충청, 경상, 전라 삼도에서 시험 재배할 것을 결정한다. 오늘날의 도입육종이다. 노력과 궁리는 15세기 농서인 〈농사직설^{農事直說}〉과 〈금양잡록^{衿陽雜錄}〉에 흔적을 남겼고, 조선 후기 기술서에 이어진다. 이를 소담한 문학 작품에서도 다시 확인하며 맛보는 감동이야 말로 음식문헌 읽는 보람 가운데 하나다.

옛 역사 기록이며 음식문헌 읽기란 그저 '놀라워라, 옛날에도 이런 일이!' '옛날에는 그랬지'를 외치자고 하는 한가한 독서만은 아니다. 사람이 살아남자고 발버둥친 자취, 그 발버둥이 구체적인 궁리와 행동과 제도로 이어진 자취가 다 공부거리이다. 널리도 읽고, 깊이도 읽고, 행간까지 읽어내야 한다. 이 일이 다만 재미난 일화 수집만이 아님을 이렇게라도 독자 여러분께 여쭌다.

설렁설렁
설렁탕

그대로 척 들어서시 '밥 한 그릇 주' 하고는 목로 걸상에 걸터앉으면 1분이 다 못 되어 기름기가 둥둥 뜬 뚝배기 하나와 깍두기 접시가 앞에 놓여진다. 파양념과 고춧가루를 듭신 많이 쳐서 소금으로 간을 맞추어 가지고 훌훌 국물을 마셔가며 먹는 맛이란 도무지 무엇이라고 형언할 수가 없으며 무엇에다 비할 수가 없다.

식민지 시기의 인기 대중잡지 〈별건곤別乾坤〉 1929년 제24호에 실린 '문자먹방' 가운데 하나다. 이 잡지는 조선 기생과 할리우드 배우를 아우른 연예계 이야기, 통속적인 흥미를 살살 긁는 뒷골목 애정 비화, 섹슈얼리티를 자극적인 양념으로 삼은 풍문과 얄궂기 이를데없는 괴담과 추문을 적절히 요리할 줄 아는 잡지였다. 먹는 소리, 문자먹방에서도 발군이었다. 음식을 자주 다루었고, 집중력이 있었다. 고릿적 분위기와는 전혀 다른 식민지 대도시의 풍경에, 일상의 풍속에, 연애하는 남녀의 산책길에, 밤 산책에, 당대 보통 조선 사람이 일평생 갈 일 없는 먼 나라 이야기에, 어떤 상황에든 곧잘 먹는 이야기를 가져다붙였다. 일상의 음식을, 일상의 감각에 스며들도록 했다.

그래서 지금은 무슨 음식을 가지고 독자를 홀리려는 것일까? 갈데없는 설렁탕 이야기 아닌가. 글쓴이, 필명 우이생牛耳生의 붓끝을 더 따라가 보자. 그에 따르면 설렁탕이란 말만 들어도 우선 구수한 냄새가 코로 물신물신 들어오고 터분한 속이 확 풀리는 것 같단다. 겨울에, 겨울에도 밤, 자정이 지난 뒤에 부르르 떨리는 어깨를 웅숭그리고 설렁탕집을 찾아가면 우선 김이 물신물신 나오는 뜨스한 기운과 구수한 냄새가 먼저 회를 동하게 한단다. 우이생이 보기에 설렁탕은 한마디로 "일반 하층계급에서 많이 먹는 것은 사실이나 제 아무리 점잔을 빼는 친구라도 조선 사람으로서는 서울에 사는 이상 설렁탕의 설렁설렁한 맛을 괄시하지 못"할 음식이었다.

'설렁탕의 설렁설렁한 맛'. 여기 이르러 절로 무릎을 탁 친다. 조선 임금이 선농단先農壇에서 제를 올리고 끓인 선농탕에서 설렁탕이 유래했다는, 이제 음식 문화사 공부하는 사람들은 거론하지 않는 낭설이 다 부질없어지고, 조선 시대 몽골어 학습서인 〈몽어유해蒙語類解〉 속에서 곰탕에 해당하는 몽골어 '슈루'의 흔적 더듬기도 하릴없다.

'설렁설렁'이랬다. 설렁설렁이란 바람이 가볍게 자꾸 부는 모양을 드러내는 부사다. 커다란 솥에서 탕국이 끓어오르며 가볍게 이리저리 이는 물결을 수식할 때에도 딱이다. 팔이나 꼬리를 가볍게 자꾸 흔들 듯이 가벼운 움직임, 가벼운 마음에서 나오는 행동을 수식하는 말도 '설렁설렁'이다. 설렁탕은 커다란 가마솥에서 설렁설렁 끓고, 사람들은 설렁설렁 밤길을 걸어가, 설렁탕 한 뚝배기 설렁설렁 해치운다. 체면 차릴 것 없고 돌아볼 것 없다. 우이생은 이렇게 말했다.

> 다른 음식집이라면 제 소위 점잖다는 사람은 앞뒤를 좀 살펴보느라고 머뭇거리기도 하겠지만 설렁탕집에 들어가는 사람은 절대로 해방적解放的이다.

사람을 해방시키는 음식이니, 그야말로 맛있다는 음식 가득 늘어놓고도 입맛이 없어서 젓가락으로 음식을 "끼지럭끼지럭"하는 친구도 "설렁탕만은 그렇게 괄시하지 못한다."

위 이야기는 진품명품, 천하의 명물이라고 할 만한 조선 팔도 대표 음식의 예찬[珍品·名品·天下名食八道名食物礼讚]에 할애한 꼭지에 속한다. 여기에 조선 전체의 대표 신선로, 전주 탁배기국(콩나물국밥), 진천 메밀묵, 진주 비빔밥, 서울 설렁탕, 개성 편수, 대구 대구탕반(따로국밥), 연백 인절미, 평양 냉면이 나란하다. 신선로 하나를 빼놓고는 모두 누구나 설렁설렁 먹을 만한 음식이다. 백년 전에 막 태어난 문자먹방은 누구나 만만히 대할 음식에다 이야기로, 수사로, 감각의 적극적인 표현과 관능의 구체적인 발현으로 '의미'를 부여했다. 서민의 음식에 "세상 사람이 말하기를 무대예술은 종합예술이라 하지만 잘 조리된 한 가지 음식이나 잘 차려진 한 상 요리라는 것은 역시 훌륭한 한 종합예술"이라며 과감히 의미를 부여했다. 설렁탕, 탁배기국에다 하층계급 음식이 제 매력으로 상하귀천 모두를 설득하고, 계급을 아울러 조선인의 음식이 된 데에 박수를 보냈다. 편수가 보쌈김치와 어울릴 때에는 "식도락의 미각은" "황홀경"에 이른다고 했다. 인절미에 부친 말은 "사랑의 떡 운치의 떡"이다.

잡지다운 통속성은 그것대로 흐르되 의도했든 하지 않았든, 음식에서 초보적인 민족주의 과제가 수행되고 있었다. 전에 없던 조선어 통사의 개척과 함께였다. 나와 내 공동체의 일상, 그 일상을 구성하는 구체적인 사물에 대한 인식과 함께였다. 일상의 감각, 관능의 표현에서, 당시의 먹는 이야기는 한국어문학사에서 아주 특별한 제 할 일을 하고 있었다. 다만 먹는 소리일 뿐만은 아니었다.

냉면 먹방

함박눈이 디벅디벅 내릴 때 방안에는 바느질하시며 〈삼국지〉를 말씀하시는 어머니의 목소리만 고요히 고요히 울리고 있다. (…) 어머니 말소리가 차차 가늘게 들려올 때 '국수요—' 하는 큰 목소리와 같이 방문을 열고 들여놓는 것은 타래타래 지은 냉면冷麵이다. 꽁꽁 언 김칫국을 두르고 살얼음이 뜬 김장 김칫국에다 한 저 두 저 풀어 먹고 우르르 떨려서 온돌방 아랫목으로 가는 맛! 평양냉면의 이 맛을 못 본 이여! 상상이 어떻소!

이 역시 〈별건곤〉 1929년 제24호에 실린 겨울 평양냉면 묘사다. 어머니가 읽는 이야기책 소리도 졸음에 엷어질 즈음, 냉면 먹을 낌새에 정신을 차리는 모습이라니! 말과 글이 지어낼 수 있는 수사로 온몸의 감각을 간질이다 기어코 맛에 가닿는다. 이게 다가 아니다. 인용한 구절은 "사시명물四時名物 평양냉면" 꼭지의 일부다. 곧 인공제빙 기술과 냉장고 보급에 힘입어 19세기에 사계절 음식으로 전환한 냉면의 추이를 포착해, 사계절의 관능으로 연출한 먹방이다. 평양냉면의 여름은 이렇다.

> 흰 벌떡대접에 주먹 같은 얼음덩이를 사려 감추고 서리서리 얽힌 냉면! 얼음에 더위를 물리치고 겨자와 산미(신맛)에 권태를 떨쳐버리.

더하여 봄에는 춘흥에 겨워 냉면, 가을에는 가을 달빛이 좋아 냉면 하면서 사계절 네 모서리를 딱 채웠다. 이 시기는 조선 음식 연구와 교육의 선구자 방신영 선생이 당신의 요리책에 겨울냉면과 여름냉면을 갈라 서술하고, 냉면에 대해 쩡한 겨울 동치미를 전제로 '동치미냉면'을 따로 설정하는 시대로 접어든 때다. 먹방에 시동이 걸린 다음에는 '담론'이 뒤따른다. 시나브로 냉면의 정통, 정답에 관해 너도 한마디 나도 한마디 보태고, 매체가 그 말의 잔치를 키운다.

〈조선중앙일보〉 1936년 6월 4일자는 6월에 맞추어 초여름 미각에 냉면을 엮은 장문의 기사를 낸다. 꼭지 제목과 소제목은 자극적이다. "냉면의 고향은 평양"이고 "본바닥 제품이 진짜"이다. 이뿐이면 덜 '힙'하지 않은가. 매체는 선주후면은 인정하지만, 동짓달에 "꿩고기 동치미국을 듬뿍 한 그릇 먹어낸 다음 덜

덜덜 떨면서" 뜨듯한 아랫목으로 가는 맛은 지나간 풍경으로 젖혀버린다. 그러고는 "냉면 미각의 절정은 삼복(더위) 이전"임을 선언한다. 부연하면 이렇다.

> 냉면의 미각은 아무래도 초여름! 새로 심은 배추가 너울너울 밭을 건너가는 바람에 나부끼고 붉은 무가 제법 어린애 팔뚝같이 자라날 즈음에 (…) 시금시금한 초국을 사발에 듬뿍 뜬 뒤에 풋김치를 얹어놓고 젓가락을 휘 휘두르다 후룩후룩 들이마시고 사발 냉수를 들이켜는 맛이야말로 냉면 국수의 세계적인 진가.

한발 늦었지만 〈매일신보〉가 질 수 없다. 〈매일신보〉 1936년 7월 23일자 "여름의 식욕" 꼭지는 서울의 여름 냉면을 이렇게 전한다. "여름 한철 더군다나 각 관청 회사의 점심시간이면 냉면집 전화통에는 불이 날 지경"이다. 이뿐이면 또한 덜 '힙'하지 않은가. 서울냉면을 칭할 수 있을 만큼 서울에서도 냉면이 틀이 잡혔지만, 그러나 "경성냉면은 말하자면 평양냉면의 연장에 지나지 않"다.

이어 매체는 아직 다른 매체가 언급하지 않은 주방의 기술과 손님의 태도에 눈을 돌린다. "아무리 배가 고프고 성미가 급한 분이라도 일단 냉면을 주문한 이상에는 한 20분 기다릴 각오"를 하라고 짐짓 가르친다. 냉면은 다른 국수와 달라서 주문 받고서야 반죽에 들어가므로. 왜 미리 준바하지 않느냐고 반론한다면

"모르시는 말씀"이라며 다시 가르친다. 냉면의 "졸긴 맛"은 즉석에서 국수를 빼는 데서 생기기 때문에. 그 관능에 대해서는 〈조선중앙일보〉와는 전혀 다른 소리를 한다. "정말 냉면다운 맛을 보려면 겨울냉면이 제일"이요, 그 가운데서도 "동치미냉면이야말로 한 번 먹으면 인이 박이는" 냉면이라고.

슬며시 웃음이 흐르고, '졸긴 맛'에 눈이 간다. 앞서 〈조선중앙일보〉는 "담박한 초국에 왜간장을 쳐서 소다를 많이 넣은 꿋꿋한 소바(사리)를 즐기"는 모습이 여느 평안도 시골과 다른 대도시 평양의 또 다른 냉면 풍속이라고 소개했다. 〈매일신보〉는 메밀가루, 기타 전분에 소다[면개량제]를 섞은 익반죽의 성패가 냉면의 성패를 좌우한다고 설명한다. 이 시기에는 '순메밀 냉면' 같은 소리가 도리어 눈에 띄지 않는다.

보신 대로다. 먹방 역사 한 백 년, 냉면은 가장 이른 시기에 먹방의 중심에 든 음식이다. 백 사람이 냉면의 제철, 제맛, 육수 제법, 제면법을 두고 저마다 백 마디씩은 하면서 오늘에 이르렀고, 오늘날에도 그렇다. 화제가 되어야 참여할 틈도 있다. 그 틈에 끼어야 맛 밖의 놀이의 여지도 있다. 그 놀이가 음식의 또 다른 길을 내는 수도 있다. 냉면 말고, 냉면만큼이나 모두의 화제가 될 만한 음식은 또 무엇이 있었나. 더우면 덥다고, 날 차면 차다고, 춘추로 밖에 나가기 좋은 때에는 날 좋다고, 나 또한 사철로 냉면집에 찾아갈 궁리를 하면서 새삼스레 문헌을 뒤진다.

뒤지다 보면 유난히 흐뭇한 장면으로 자꾸 돌아가게 된다. 앞서 인용한 〈별건곤〉 1929년 제24호에 실린 평양냉면 예찬의 한 대목, 봄날의 냉면 미각을 들춘다.

> 봄바람이 건듯 불어 잠자던 모란대에 나무마다 잎 트고 가지마다 꽃 피는 3, 4월 긴 해를 춘흥에 겨워 즐기다가 지친 다리를 대동문 앞 드높은 2층루에 실어놓고 패강浿江, 대동강 푸른 물 따라 종일의 피로를 흘려보내며 그득 담은 한 그릇 냉면에 시장을 맞출 때!

오늘날의 한국어로 풀어 써도 바로 읽기가 만만찮다. 요컨대 봄바람 살랑 부는 봄은 생명 움트는 봄의 정취에 취해 모란봉 언덕 대동강 푸른 물 따라 놀기 좋은 때이자, 그래서 더욱 냉면이 그리운 냉면의 제철이라는 소리다. 냉면은 이렇게 식민지시기에 이미 사계절의 별미로 대중에게 자리를 잡았다. 더 거슬러 올라가면 조선의 미식가 심노숭沈魯崇, 1762~1837의 품평도 있다. 심노숭의 입에는 메밀국수라면 평안도 것이 최고이고, 그 가운데서도 차게 조리한 국수가 더욱 좋았다. 심노숭이 냉면의 원형에다 지역과 조리법에 미식 담론을 더한 때는 유럽 미식학의 새 장을 연 브리야사바랭Jean Anthelme Brillat-Savarin, 1775~1826이 프랑스 음식을 열심히 먹고, 먹은 만큼 책으로 문자로 먹방을 하던 때와 겹친다.

이런 이야기를 꺼내니 마침 새봄에 냉면을 들던 눈 파란 사람이 하하 웃는다. 외국어로 대화할 정도가 못 되는 나 대신 친구의 도움을 받아 유럽 미식 담론 태동기와 동시대의 한국 국수 이야기에다 현대의 냉면 먹방을 슬쩍 찔러주자 간신히 손가락에 젓가락을 버티며 냉면 사리를 헤치던 이방인의 얼굴에 미소가 번진다. 한때 북미, 서유럽에서는 젓가락질 할 줄 알고, 게다가 아무렇지 않은 듯 스시와 사시미 먹을 줄 알면 제법 힙스터 행세를 할 수 있었다. 그리고 요즘 한국에 온 이방인 가운데는 그럴듯한 낯빛을 하고는, '아일럽 냉면!' 하고 외치고 싶어 어쩔 줄을 모르겠다는 듯 냉면을 해치움으로써 힙스터 단계 승급을 바라는 이도 더러 보인다. 그야말로 세상이 바뀌었다. 몇 해 전만 해도 낯선 한식, 경험한 적 없는 차디찬 국수, 못 먹으면 할 수 없지 하는 분위기가 우세하지 않았나.

잠깐 설명이 필요하다. 음식에서 영어권의 'hot' 그리고 'cold'는 뜨거워 입천장 까질 지경이나, 이뿌리 시릴 만큼의 차가움이 아니다. 적어도 음식에서는 그렇다. 내가 사는 지역 일상의 상온에 견주어 따듯한 정도, 상온 또는 상온보다 살짝 식은 쯤이 각각 'hot'이고 'cold'이다. 이 땅에 온 많은 이방인이 극단적으로 뜨겁거나 극단적으로 찬 먹을거리를 경험한 적이 별로 없다. 그러니 설렁탕, 삼계탕, 콩나물국밥 등을 코앞에 두고도 바로 먹지 못하고 숟가락으로 국탕의 표면을 살살 헤집으며 한김 빠지기를 기다리는 모습, 막 끓어오른 전골을 접시에 덜고 나서도 또 한참 기다리는 모습은 그네로서는 어쩔 수 없는 것이다.

냉면에서도 그랬다. 많은 이방인이 살얼음 엉긴 냉면 대접, 또는 얼음이 풀렸다 해도 표면에 이슬 맺힌 면기를 받고 나면 잠깐 멀뚱멀뚱이었다. 같이 앉은 한국인 흉내를 내 육수를 들이켰다가도 싱긋 웃으며, '실례지만, 나는 냉기 더 빠지면 먹을게' 하는 몸짓과 표정을 보이곤 했다. 그러다 확 달라졌다. 너 냉면이야? 나 미식가에 힙스터야! 아시안 퀴진과 코리안 퀴진 다른 줄 알아. 전에 없던 'cold'도 감수하고, 볼 미어터지게 사리도 우겨넣고, 제법 호쾌하게 면기를 탁자에 탁 내려놓을 줄도 알아야지! 하는 이방인들과 더러 마주치게 된다.

여기 이르기까지 억지는 소용이 없었다. 외국인들아, 제발 한국 음식의 대단함을 좀 알아줘 하는 안달복달은 늘 효과가 없었다. 우리는 흐르는 물처럼 자연스럽게 외래 음식을 감각하고 소화한다. 뒤집어도 마찬가지일 테지. 그런지 안 그런지 이방인 친구를 데리고 새봄에 냉면 나들이 한 번 하시라. 중간에 '심노숭이라고 브리야사바랭이랑 동시대인이 있어, 그 사람 못잖은 미식가가 있었지' 한마디 슬쩍 찔러 보시라. 그네도 마찬가지다. 내 눈앞의 음식이 연원 깊다는 사실을 멋쟁이의 문자로 증거하면, 그 음식 한 접시, 한 사발이 어쩐지 더 대단해 보이게 마련이다.

분위기 됐을 때 내놓으면 된다. 먹고 있을 때, 듣고 싶을 때 슬쩍 나를 꺼내 보이기. 광고홍보는 이때에야 효과가 있다. 궁금해할 때 또는 물어보려는 찰나에 슬쩍 찔러주기, 이로써 충분하다. 나는 그리 여긴다.

아, 침이 고인다

가을로 접어들면 생산지의 무밭과 배추밭, 그리고 향신료며 젓갈 생산과 유통의 일선은 김장 식료 준비로 이미 분주하다. 사전에 따르면 김장은 "겨우내 먹기 위하여 김치를 한꺼번에 많이 담그는 일. 또는 그렇게 담근 김치"이다. 또한 "김장거리로 무, 배추 따위를 심음. 또는 그 배추나 무"를 아우른다. 지상 어느 곳이든 겨울을 지나야 하는 지역에서는 반드시 겨우내 먹을 음식을 따로 준비하게 마련이다. 목축이 성한 곳에서는 양, 사슴, 소, 돼지의 고기, 내장, 선지를 총동원해 겨울 동안 먹을 소시지, 햄을 만든다. 어업이 성한 곳에서는 염장이나 훈연으로 생선을 갈무리한다. 물도 마르고, 식물도 동물도 그 모습을 감추는 겨울을 나기 위해, 사람은 내가 사는 데서 주어진 자원으로 음식을 해 어떻게든 새봄까지 간수하고 먹어치워야 했다.

한국인의 김장도 그와 한 동아리다. 이때 김장은 김치라는 특별한 음식과 손을 잡고 있다. 김치는 그냥 염장 채소만도 아니어서, 채소의 소금 절임에다 젓갈 등 동물성 단백질까지 더해 발효를 기다린다. 그러고는 산미가 치고 올라오는 김치 특유의 풍미를 얻는다. 김치는 그저 소금이나 장에 절인 채소, 짭짤하면서도 향미가 강한 국물을 끼얹은 데 그친 음식이 아니다. 짠지나 샐러드하고는 그 속성이 다르다. 김치는 저온에서 숙성돼 어느 한 시점에서 맛의 정점을 찍고, 맛의 정점을 찍은 뒤로도 상당 기간 상하지 않고 버텨주어야 한다.

김치는 홀으로도 자립한 일품요리인가 하면, 흰쌀밥의 으뜸 반찬이고, 국과 찌개와 부침개의 부재료이다. 분식을 대표하는 국수와 만두하고도 김치는 최고의 짝꿍이다. 소든 고명이든 김치의 변신은 자유롭다. 홀로 자립할 수 있으면서도, 밥과 동반해 밥상의 방점이 된다. 다른 음식 안에서는 빛나는 조연이 되는 음식이 바로 김치다. 부재료가 되어 섞일 때에도 제 줏대를 잃지 않으며, 그러면서도 다른 재료와 조화를 이루는 음식이 또한 김치다. 한국인의 김장은 김치로 이룬 음식 문화사상의 일대장관이다.

오늘날과 같은 김치가 태어난 때는 대략 18세기 즈음으로 보아야 할 것이다. 고추가 껴들고 등장한, 짠지나 절임과 확연히 구분되는, 우리 머리에 퍼뜩 떠오르는 바로 그 '김치' 말이다. 19세기에 이르면 김치와 손잡은 김장 기록도 폭발한다. 정학유$^{丁學遊, 1786~1855}$의 〈농가월령가^{農家月令歌}〉는 이렇게 노래했다.

무 배추 캐어 들여 김장을 하오리라
앞 냇물에 정히 씻어 염담을 맞게 하소
고추 마늘 생강 파에 젓국지 장아찌라

홍석모洪錫謨, 1781~1857의 〈동국세시기東國歲時記〉는 이렇게 기록했다.

서울 풍속에 무, 배추, 마늘, 고추, 소금 등으로 장독에 김치[沈菹]를 담근다. 여름의 장담그기[夏醬]와 겨울의 김장[冬菹]은 민가에서 한 해를 보내기 위해 미리 준비해야 할 중요한 일이다.

여기서도 김치와 김장이 확실히 손을 잡고 있다. 김치를 '침저'라 하고, 김장을 '동저'라 했다. 맥락으로 보아 오늘날의 김장김치이다. 이 앞 문단에는 '저채만두菹菜饅頭' 곧 '김치만두'까지 언급하고, 김치만두를 가장 괜찮은 시절음식으로 소개하기도 했다. 19세기 양반가에서 전해진 조리서인 〈시의전서是議全書〉에는 통배추김치가 확립돼 있다. 오늘날의 배추김치와도 흡사하다. 통배추와 동물 단백질과 젓갈과 고추 및 마늘 양념이 보다 세련된 모습으로 등장한다. 오늘날의 한국어로 풀어 쓰면 이렇다. "좋은 통배추 간 맞추어 절이고 고추, 총백, 마늘, 생강, 생률, 배를 채치고 조기는 저며 놓고 청각, 미나리, 파, 소라, 낙지를 채에 섞어서 담고 삼일 만에 조기젓국을 달여 물에 타" 국물을 부어 담근 김치가 곧 〈시의전서〉 속 통배추김치이다.

이 흐름은 오랜 시간을 거쳐 오늘에 이어졌다. 방신영 선생은 〈여성女性〉 1939년 11월호에 "김장교과서"를 소제호로 해 김장김치 담그는 방법을 소개하기도 했다. 배추김치, 젓국지, 석박지, 짠지, 동치미, 깍두기, 채김치, 보쌈김치에 이르는, 이름만 봐도 침이 고이는 김치 잔치이다. 아삭아삭 씹는 데서 후룩 마시는 데 이르는 김치, 그리고 일품요리에 접근하는 별미 김치까지, 참 면면히도 이어졌다.

이어졌다고 감탄하는데, 지난 음식문헌이 내게 말을 건다. 지난 김치의 역사에 이어, 너는 당대에 어떤 김치를 이루고, 먹고, 감각할래? 응답하고 싶다. 이어진 것은 이어진 것대로 고맙게 받고, 그 안에서 당대가 반짝반짝하는 갱신을 이루어, 다음 세대에 유산이 될 만한 김치를 이루고 싶다. 해마다 김장철이 돌아오면 눈으로는 김치 기록을 찾고, 발걸음은 생산지로 향한다. 아, 침이 고인다.

김치 회상

"여름에 배추 녹아. 못 써. 열무 있고, 깻잎에 호박잎, 풋성 귀 천지인데 무슨 배추? 잡히는 대로 다 김치고 겉절이고. 오이지 꺼내 먹으면서 여름 나."

세종 때의 문헌 〈산가요록山家要錄〉 여기저기에 나오는 몇십 종류의 김치-짠지 기록을 읽어내려 가는 판에 전해 들은 여름김치 회상이다. 〈대한민국 치킨전〉의 저자 정은정 사회학 연구자의 아버지, 충북 음성 출신, 2019년 현재 79세 어르신은 단호히 한마디 더하셨다.

"한여름에 배추김치는 뭐, 서울 것들이나 그랬지, 뭐."

한 세대를 사이에 두고 김치 감각이 이렇게 다르다. 막 여름이 달려오면 그래도 앞 세대의 기억, 문헌의 기록 속에서나마 여름철에 맞는 여름 김치를 꼽아보게 된다. 가게에, 난전에, 손수레에 눈부신 노랑을 뽐내는 과채果菜가 무더기무더기로 앉아 행인을 붙드는 계절은 돌아오게 마련이다. 노랑으로 아롱진 한쪽으로는 오이, 총각무, 열무, 얼갈이, 부추, 파, 쪽파 등 온갖 채소가 뽐내는 풀빛이 짙다. 짙다 못해 노랑을 압도할 지경이다. 푸성귀의 풀빛이 노랑과 경합하는 이때, 이때가 전에는 칠순 어르신 말씀대로, 한여름 김치를 염두에 두고 첫여름 김치를 준비하던 때였다.

오늘날의 김치를 대표하는 통김치란 속이 꽉 차는 통배추, 곧 결구종 배추로 담은 김치이다. 안으로 얌전히 오므린 배춧잎 사이사이로 가볍게 소를 넣고 겉잎으로 가지런히 감아 익히면, 부드럽고 우아한 신맛이 여느 김치보다 오래 간다. 항아리를 다 헤집지 않고 한 통씩 꺼내 먹을 수 있는 만큼 간수하기도 좋다. 통김치가 20세기 이래 김장김치의 대표로 떠오른 이유다. 이윽고 통김치는 냉장고와 손잡고 보존 기간을 늘리더니, 더구나 고랭지 배추 재배와 손잡고는 사계절 김치로 변신했다.

이제 사계절 내내 김치 공장은 통김치를 쏟아낸다. 대중식당이 딱 한 가지 김치만 낸다면 통김치가 제일번이다. 김치찌개며 온갖 부재료와 손잡은 김치찜이 통김치 생산소비의 또 다른 뒷배이다. 오늘날 국제적인 식품 규격인 코덱스Codex에 오른 "김치kimchi" 또한 "주원료인 배추와 기타 채소들을 손질, 절단, 절임, 양

넘하여 발효시킨 것"으로 바로 통김치이다. 한국인의 일상생활에서, 한국을 넘은 국제유통에서 통김치는 김치를 대표한다.

전에는 김장도 다 떨어지고, 4월 이후 한여름까지 유채, 산갓, 부추, 깻잎, 가지, 풋고추, 파, 양파, 토마토, 양배추, 총각무, 오이가 다 소담한 김치를 이루었다. 통배추 담을 때처럼 복잡한 양념을 준비하지 않아도 그만이다. 재료를 덜 써도 좋았다. 손에 잡히는 대로 겉절이도 하고, 무짠지며 오이지를 찬물에 말고 초를 더해 김치를 대신할 음식을 마련했다. 풋고추, 양배추, 오이가 물김치로 변신하고, 짠지가 아니라도 그때그때 가지, 오이, 미역을 써 냉국을 말아 새콤하고 상큼한 맛에 기대 여름을 견뎠다.

지역도 살아 있었다. 산갓김치는 경기 북부와 강원도 산악의 별미 김치이다. 동해안을 따라서는 명태아가미 깍두기며 북어대가리로 육수를 낸 김치가 별미였다. 서해안을 따라서는 굴과 게를 활용한 김치깍두기가 입맛을 다시게 한다. 고구마줄기김치, 양파김치 등은 호남 산지의 계절 김치이자 별미 김치이다. 콩잎을 잘 먹는 영남에서는 초여름 즈음 콩잎이 연할 때 콩잎물김치를 담갔다. 가을로 다가가며 콩잎이 억세어진 '단풍콩잎'은 소금물에 푹 절여서 콩잎김치를 담갔다. 요즘 배추보다 키가 큰 토종 반결구종 배추에 밥을 으깨 넣어 담근 영남 내륙의 김치를 기억하는 분도 있다. 지역에 따라서 열무김치에 보리밥을 넣어 풍미를 더하는 방식도 있거니와 한여름에 불 앞에서 버티고 찹쌀풀 쑤어 넣느니, 아예 밥을 넣어 물성과 풍미를 달리한다는 조리와 맛의 기획에도 고개가 끄덕여진다.

다시 〈산가요록〉 앞으로 다가앉는다. 우리가 익히 아는 동치미, 나박김치, 물김치 계통이 550년 전에 이미 오롯하다. 책장을 더 넘기니 과일을 소금에 절여 풍미를 증폭하고, 꿀로 단맛을 끌어올리고 수분까지 넉넉하게 잡은 복숭아김치[沈桃], 살구김치[沈杏]가 등장한다. 살구김치에는 생강과 차조기로 풍미를 더하기도 했다. 이윽고 수박김치[沈西果]에 이르러서는 침샘이 터질 지경이다. 문헌으로 보거나, 칠순 어르신께 한 세대를 건넌 이야기를 듣거나 참 아깝다. 그 계절 감각, 지역 감각, 다양한 맛의 기획이 아깝다. 아까워하는 그 마음으로 김치라는 음식을 헤아린다. 문헌 속에서 한 가지 김치라도 더 확인하고, 세대가 다른 분들로부터 하나라도 더 듣자고 달려든다.

빙 수 한 그 릇

으리으리한 집에서는 오뉴월 찌는 더위 돌아오자
미인의 하얀 손에 깨끗한 얼음을 내어 오네
멋진 칼로 얼음 깨 여기저기 돌리니
느닷없이 대낮에 피어나는 안개처럼 새하얀 얼음 가루[3]

조선문인 김창협金昌協, 1651~1708이 남긴 시 〈착빙행鑿氷行〉 속의 한 장면이다. 아직 인공제빙 기술이 없던 때, 지구 어느 곳에서나 어느 민족이나 한겨울에 강이나 호수에서 얼음을 채취해 빙고에 간직했다 찌는 여름에 썼다. 위에서 본 그대로다. 〈삼국사기三国史記〉에는 신라 지증왕이 겨울의 얼음 채취를 명하는 기록이

---

3   高堂六月盛炎蒸, 美人素手伝清氷, 鸞刀擊碎四座, 空裏白日流素霰

나온다. 이때가 지증왕 6년 서기 505년이다. 국가의 얼음 관리는 고려와 조선으로도 이어졌다.

인공제빙 및 냉동 보관 기술이 없던 시절, 이글거리는 태양 아래서는 얼음 한 덩어리가 그대로 대단한 별미였다. 여기다 달콤한 부재료라도 얹으면 극상의 맛이 되고도 남는다. 단 얼음을 오로지 별미로 먹어치울 수만은 없었다. 빙고를 열고 여름에 꺼낸 얼음은 다른 무엇보다 온열질환에 쓰는 응급약으로서 중요했다. 하지만 이는 표면상의 명목이다. 극소수의 권력자와 부자는 자연을 거슬러, 한여름 딱 한철에만 맛볼 수 있는 독특한 질감과 촉감의 여름 별식으로 얼음을 쓴 빙과를 추구했다. 칼로 깬 얼음 알갱이, 또는 칼로 깎거나 쳐 나온 얼음 조각에 달콤한 부재료를 얹거나 끼얹어 내기, 이것이 바로 빙과 및 빙수의 원형이다.

일본헤이안시대 平安時代, 794~1185 중기, 대략 10세기에 쓰인 수필집 〈침초자 枕草子〉에는 칼로 깎아 받은 얼음가루에 아마즈라 甘葛를 뿌려 먹는 여름 별미가 보인다. 아마즈라는 식물의 즙을 졸여 만든 감미료이다. 보다시피 얼음을 바탕으로한 별미의 기본기술은 옛날이나 지금이나 한결같다. 한편 13세기부터 14세기까지 세계를 아우른 대제국인 원나라의 문헌에는 독특한 풍미와 색채가 있는 과일즙에 꿀, 물, 값진 향신료를 더해 달인 시럽인 갈수 渴水에 관한 기록도 등장한다. 능금, 오미자, 포도 등 우리가 아는 과일, 그리고 동시대 유럽인은 구경조차 하기 힘들었던 정향 丁香, clove 등 귀한 향신료가 갈수의 재료이다. 갈수를 우물에서 막 길

어울린 찬물에 풀면 갈증을 달래는 음료가 되거니와 '청량음료'라는 관념과 어휘도 이때 이미 등장한다.

갈수의 아랍어 어휘는 섭리백摂里白이다. 바로 눈치챈 분도 있으리라. 곧 셔벗sherbet이다. 셔벗, 소르베sorbet 등에 유지방이 껴들기는 아주 나중이다. 복기해보자. 색상이 분명한, 또는 화려한 즙액을 당과 함께 농축했다가 찬물 또는 얼음물에 풀면 청량음료이고, 얼음 알갱이에 더하면 빙수 또는 카키고리かき氷, 빙수의 일본어 또는 셔벗 또는 소르베다.

그 대중화는 과학기술의 결과다. 인공제빙한 얼음을 사계절 냉동고에 보관하게 된 뒤로, 얼음은 극소수의 특권계급에게 돌아가던 사치품이 아니라 누구든 즐기는 싸고 간단한 식료가 되었다. 아울러 빙수와 아이스크림의 역사도 드디어 궤도에 오른다. 1862년 영국에서 세계 최초로 비전기식 냉장고가 등장한다. 1875년에는 암모니아 압축식 냉동기가 나와 인공제빙의 시대가 열린다. 막대한 얼음은 바로 해운과 손을 잡았다. 항구의 얼음창고가 유통을 혁신한 것이다. 1880년대에는 얼음의 대량생산이 전 지구화했고 1890년대가 되면 조선에서도 제빙 및 냉동 시설이 돌아가기 시작했다. 인천과 서울 등 대도시에도 금세 여름 얼음이 유통되었다. 1910년대 조선의 도시에서 부자나 서민이나 여름에 얼음 띄운 화채 또는 빙수 먹기가 어려운 일은 아니었다.

인공제빙 시대의 빙수를 먼저 치고나간 나라는 일본이다. 요코하마 사람들은 항구에 들어선 제빙 및 냉동 시설에서 나온 얼음을 지나치지 않았다. 이 얼음에 대패질을 하자 얼음 대팻밥이 얼마든지 나왔다. 칼로 치고, 칼날로 갈아서야 빙수 장사를 하면 얼마나 하겠는가. 여기 연유며 시럽을 찔끔 치면 값싸고도 누구나 좋아하는, 전에 먹을 수 없던 별미가 새로이 탄생한다. 특권 계급의 여름 별미가 현대의 대중에게 돌아간 이때, 요코하마에 대패질 빙수 가게가 문을 연 때가 1869년이라고 한다.

여보, 일어나 빙수나 한 잔 자시오. 좀 속이 시원하여질 테니. 이제 울으시면 어짜요? 다 팔자로 알고 참아야지. 나도 젊어서 과부 되고 다 자란 자식 죽고… 그러고도 이렇게 사오. 부모 없는 것이 남편 없는 것에 비기면 우스운 일이랍니다. 이제 청춘에 전정前程, 앞길이 구만 리 같은데 왜 걱정을 하겠소. 자 어서 울음 그치고 빙수나 자시오. 배도 자시구.

1917년 〈매일신보〉에 연재하다 이듬해 단행본으로 묶인 이광수 소설 〈무정無情〉의 한 장면이다. 초여름 더위가 성큼 다가온 경성의 6월, 주인공 형식의 하숙집을 찾아온 영채가 하루아침에 오빠와 아버지를 잃고 홀로된 저간의 일을 털어놓다가 그만 복받쳐 쓰러진다. 형식과 영채는 어려서 함께 자란, 오누이 같은 사이다. 우는 영채는 숨이 넘어가는데 하숙집 주인 노파가 얼른 시장에 달려가 빙수를 사 온다. 위로랍시고 뱉은 말이라곤 '팔자'에 '전정 구만 리' 같은 봉건적인 수사요, 듣는 쪽에게 위로될 리 없는 무정한 낡은 언어인데, 빙수 한 사발이 노파의 소박한 자매애를 간신히 구원했다. 빙수는 실제로 타는 속을 달래고, 몸과 마음의 열을 식히는 효과가 있었을 테지. 냉장고 보급률이 높지 않던 시대, 한여름의 빙수나 얼음물이 보통 사람의 감각에 준 충격, 각성의 감도는 오늘날과는 달라도 한참 달랐으리라. 감각은 세월을 타고 더 자라났다. 이런 식이다.

스윽— 스윽— 그 얼음 갈리는 소리를 들어라. 새하얀 얼음비가 눈발같이 흩어져 내리는 것을 보라.

〈별건곤〉 1928년 제14호에 실린 빙수가 이렇다. 10년 사이에 빙수를 향한 감각도 빙수의 물성과 질감에 대한 감수성도 훌쩍 컸다. 이렇게 다시 이어진다.

사알— 사알 갈아서 참말로 눈결같이 간 고운 얼음을 사뿐 떠서 혓바닥 위에 가져다 놓기만 하면 씹을 것도 없이 깨물 것도 없이 그냥 그대로 혀도 움직일 새 없이 스르르 녹아버리면서 달콤한 향긋한 찬 기운에 혀끝이 환해지고 입 속이 환해지고 머릿속이 환해지면서 가슴속 뱃속 등덜미까지 찬 기운이 돈다. 참말 빙수는 많이씩 떠먹기를 아껴하면서 혀끝에 놓고 녹이거나 빙수 물에 혀끝을 담그고 시원한 맛에 눈을 스르르 감으면서 기뻐하는 유치원 아기들같이 어리광쳐가며 먹어야 참맛을 아는 것이다.

달콤함 너머의, 얼음의 원초적인 질감까지 어느새 조선어 표현에 들어왔다. 해를 바꾸어가며 수사는 수사대로 점점 더 자라났다.

> 아이스크림! 아이스크림![4] 얼마나 서늘한 소리냐. 바작바작 타드는 거리에 고마운 서늘한 맛을 뿌리고 다니는 그 소리. (…) 서늘한 맛을 던져 주고 다니는 그 목소리의 임자에게 사 먹든지 안 사 먹든지 도회지에 사는 시민은 감사하여야 한다.
> 그러나 어름의 어름맛은 아이스크림에 보다도 밀크셰이크[5] 보다도 써억써억 갈아주는 '빙수'에 있는 것이다. 찬 기운이 연기같이 피어오르는 얼음덩이를 물 젖은 행주에 싸는 것만 보아도 냉수에 두 발을 담그는 것처럼 시원하지만 써억써억 소리를 내면서 눈발 같은 얼음이 흩어져 내리는 것을 보기만 하여도 이마의 땀쯤은 사라진다.

〈별건곤〉 1929년 제22호가 묘사한 서민대중의 빙수 감각은 이렇다. 당시에도 유지방이 본격적으로 개입한 빙과는 아이스크림, 얼음 대팻밥에 시럽쯤을 지른 빙과는 빙수로 갈라졌다. 해방 뒤 한국 빙수는 맹물 얼음 외에 우유도 적극 활용하고, 단순한 시럽뿐 아니라 생과일, 과일당절임, 인절미, 단팥 등을 웃기

---

4 같은 지면 표기는 '엣-쓰꾸리' 또는 '에이쓰꾸리'.
5 같은 지면 표기는 '밀크세-끼'.

삼아 새 길을 내고 있다. 우유, 연유, 다양한 과즙과 당으로 만들어낸 변주도 점점 화려해지고 있다. 이때에도 변치 않는 점이 있다. 어떤 화려한 부재료나 장식적인 요소가 껴들더라도, 기본은 얼음이다. 얼음의 질감이 식감의 바탕이다.

빙수 한 그릇을 들여다보라. 이제 대패의 시대만도 아니어서, 갈기도 하고 부수기도 한다. 얼음은 대팻밥, 싸래기, 부정형의 조각 등으로 다종다양하다. 얼음 대팻밥을 쌓은 결과와 얼음 싸래기를 뭉친 결과는 서로 사뭇 다르다. 기본기술의 급소를 들여다보며 먹기 또한 빙수 즐기는 재미를 배가하는 방편이 아닐까.

오늘날 한반도에서 빙수의 계절은 양력 8월 23일 무렵인 처서處暑를 지나서도 이어지고 있다. 처서란 더위가 그친다는 뜻이다. 하지만 우리는 경험으로 알고 있다. 끝날 때까지는 끝난 게 아니다. 날빛 쨍쨍한 동안의 더운 기운이 9월 상순까지 아주 사그라들 리가 없다. 이 더위는 옛사람들에게도 견디기 힘들었다. 한겨울에 강 한가운데서 캐, 초가을까지 빙고氷庫에 보관한 얼음 한 조각이 그나마 구원이었음은 이미 말한 바다. 이 힘든 때에도 있는 사람들은 참 잘 먹었다. 19세기 양반가에서 전해진 조리서인 〈시의전서〉의 '외장아찌' '무장아찌' 조리법을 보자. 오늘날의 한국어로 풀어 정리하면 이렇다.

먼저 어린 오이의 속을 파내고 젓가락 윗마디만큼 끊고 닷푼(약 1.5cm) 길이로 정리한다. 이것을 잘 묶어 농도 짙고 감칠맛도 더한 진장에 절였다가 두세 번 달인다. 여기에 가늘게 썰어 두드린 쇠고기를 넣고 볶는다. 그러고는 표고버섯, 석이버섯, 고추, 파, 마늘을 채 썰어서 더해 맛을 낸다. 끝으로 참기름과 깨소금으로 마지막 양념을 한다. 무도 마찬가지로 다룬다. 〈시의전서〉에 따르면 이야말로 "하절夏節 반찬 진품"이었다. 반찬이라니, 오늘날의 눈으로 보아도 일품요리 한 접시 아닌가.

또 다른 19세기 조리서인 〈음식책飮食冊〉을 보면 여름에 더 신이 나는 듯도 하다. 여름철 웃기, 곧 음식의 장식으로 쓰는 음식 또는 식료는 병과와 식물 둘로 구분된다. 병과로는 방울 모양으로 앙증맞게 빚은 증편, 깻가루에 굴린 인절미, 주악을 쓰라고 했다. 식물로는 연꽃잎, 국화잎, 승검초잎, 석이버섯을 들었다. 연꽃잎을 쓰고 싶은데 시기를 놓쳐 못 쓰게 되면 장미꽃잎으로 대신하라는 부기도 남겼다. 이렇게 준비해 교자상 한 상을 차릴 때, 색색을 맞추어 꼬치에 꿴 전인 화양누르미, 편육, 담쟁이잎을 깔고 찐 뒤 잣가루로 장식한 우무, 여름 채소 만두 등을 곁으로 놓고는 닭찜 또는 생선찜 또는 추포탕을 반드시 일품요리로 준비한다. 음료로는 수정과나 보리수단이 뒤따른다. 이는 어디까지나 그렇게 식료를 구하고, 이만큼 요리를 해낼 수 있는 사람들의 기록이다.

정약용丁若鏞, 1762~1836은 여름철 농민의 식생활을 "상추쌈에 보리밥을 둘둘 싸 넘기고는 / 고추장에 파뿌리 찍어 먹는다"[6]라고 노래했지만 이쯤이면 그래도 꽤 잘 먹은 편이다. 홑으로 고추장

---

6   葉団包麦飯呑, 合同椒醬与

이 서민대중에게 으뜸가는 별미였고, 반찬으로는 오이와 부추와 무가 여름에 그저 무난했다. 간장도 귀해서 채소에 찔끔 뿌려 먹거나 그마저 안되면 소금으로 숨을 죽여 먹는 수밖에 없었다. 참외만은 서민대중에게도 돌아갔지만 유실수에서 거둔 잘 익은 과일은 잘사는 사람 차지였다. 복달임도 별것 없었다. 보통 사람들에게는 논이나 둠벙의 미꾸리, 천렵으로 거둔 민물 잡어가 가장 만만한 단백질원이었다. 얼음, 얼음 음료, 과일, 장식용 꽃잎이란 거둘 겨를도 먹을 여지도 별로 없었다. 진부한 말이겠지만 구체제와 프랑스대혁명을 아울러 겪은 프랑스 미식가 브리야사바랭이 남긴 한마디가 새삼스럽다. "당신이 무엇을 먹는지 말해 주면, 나는 당신이 누구인지 말해 주겠다."

한여름 하늘 아래, 얼음과 꽃잎과 과일을 기다리던 사람이 살았고, 고추장에 파뿌리가 고마운 사람이 살았다. 여름은 이전에도 상하귀천을 갈랐다. 갈라도 이렇게 극명히 갈랐다. 모두에게 빙수 한 그릇, 빙과 한 조각이라도 돌아간 지 얼마 안 된다.

간단하게 국수나?

"날도 더운데 간단하게 국수나 말아먹자고 하면 그냥 한 대 쥐어박고 싶지."

오래 전 여름방학, 여주·이천 가운데께 자리한 공장에 기숙하며 창고지기 겸 지게꾼 노릇을 하던 때다. 밥을 대 먹던 집, 머리 새하얀 할머니는 내가 숟가락 놓을 즈음 숭늉을 떠다 주며 살아온 이야기를 잠깐 하고 나서 빈 숭늉 사발을 들고 일어나시곤 했다. 꼭 들으라고 하는 소리는 아니었던, 어색한 침묵을 재치 있게 요리한 농촌 여성 노인의 말 가운데 저 '간단하게 국수나'는 지금도 귓가에 쟁쟁하다. 음식 공부를 하면 할수록 쟁쟁하다.

"주는 대로 먹기나 해? '지단은 안 부쳤어?' 그러면 내 서방이라도 정말 한 대, 그냥!"

지난 일이라 웃으며 하는 말씀이었지만 '간단하게 국수나'는 음식 하는 수고를 전혀 모르는 사람 입에서 나올 만한, 음식 하는 사람 입장에서는 야속한 소리임에 틀림없다.

여기서도 공감을 위한 개관이 필요하겠다. 가게에서 마른 소면을 사다가, 봉지라면 삶듯 삶아, 온갖 건해산물을 섞어 포장한 맛국물 재료로 낸 국물에 국수 말기는 최근의 일이다. 아니 액상 장국도 이미 병들이로 나온다. 이상은 최근의 풍경이다. 이렇게 먹기 전까지 말던 국수 한 그릇은 음식을 둘러싼 물질문화의 고단한 행로를 잘 보여준다.

예컨대 소면의 유통에서도 도농격차가 있었다. 소면을 쉬이 구하지 못하면 반죽을 밀어 칼국수를 써는 수밖에 없다. 밀가루는 어땠을까. 기성품 소면이 귀한 곳이라면, 새하얀 포장 밀가루 또한 돌지 않는 곳이다. 그렇다면, 제분 또한 집에서, 사람이, 더구나 여성이 가사로 수행하는 수밖에 없었다. 그 과정은 정말 고단했다.

〈설탕, 근대의 혁명〉을 쓴 가천대 이은희 교수에 따르면, 밀에서 밀가루를 얻기까지가 얼마나 힘들었는지, 밀가루를 쉽게 구하기 어렵던 1970년대 말 이전 칼국수의 별명은 "여자들의 땀국"이었다. 당시의 밀가루는 거대한 공장의 첨단시설이 탈각과 제분, 선별, 포장을 일관해서 내놓는 흔한 상품일 수가 없었다. 밀농사를 짓고 나서, 더구나 쌀이 부족한 때 먹자고 밀가루를 내자면 이런 과정을 거쳐야 했다.

먼저 타작해 얻은 밀낟알을 일일이 까부르고 이를 물에 씻어 멍석에 펴 말린다. 그러고는 깨끗이 씻은 발로 마른 밀낟알을 꼭꼭 밟는다. 그래야 그 다음 맷돌질이 쉬워진다. 6월 말에 거둔 밀로 굳이 밀가루를 내는 때는 언제인가. 쌀도 다 먹고, 그래도 밥이 되어 주던 좁쌀마저 다 먹은 한여름이다. 이때 밀가루라도 내야 칼국수라도 수제비라도 해 먹고 여름을 날 수 있다. 밀낟알 밟기는 한여름 해 있을 때, 해 받아가며 한다. 이는 나이 어린 여성의 몫이었다. 석양이 되어서야 밟은 낟알을 거두면, 다시 그 집의 나이 좀 든 여성, 주부가 밤새 맷돌로 타 밀가루를 받았다.

탈각이 제대로 되지 않은 채 간신히 씻어 말린 밀낟알에서 받은 밀가루가 순백색일 수가 없다. 여기서 더 품질 좋은, 더 깨끗하고 하얀 밀가루를 받으려면? 옛 문헌에 따르면 거친 가루를 눈이 고운 깁에 치고 또 치는 수고를 해야 했다.

국수의 시작이란 전에는 소면 한 뭉치 사오기, 밀가루 한 포 사오기가 아니었다. 시작은 자가제분이었다. 그것도 동력 장치의 힘을 빌릴 수 없는, 하루종일 여성 노동으로 감당한 제분이 시작이었다. 그래서 조선 시대 조리서 속의 국수 항목을 보면 국수를 어떻게 맛나게 말아라, 반죽에 어떻게 맛을 들여라 하는 소리 이전에, 흰 가루 얻기부터 설명한다. 그때 밀가루는 "진말真末"이라고 따로 높여 일컬을 지경이었다. 진말의 시대에는 치고 또 친 밀가루로 반죽해, 칼질 거쳐, 국수가락까지 내면 일단 국수가 "됐다"고 여겼다. 가루도 없고, 반죽도 없고, 가락도 내기 전에,

맛타령을 할 틈은 별로 없었다. 반죽을 해냈음이 우선 대단했고, 국수가닥이 나온 것만으로도 우선 흐뭇했다.

  아닌 게 아니라 한여름, '간단하게 국수나' 소리를 할 만한 때가 되긴 했다. 기성품 소면, 기성품 칼국수 사리도 흔하고, 맛국물과 장국이 온갖 포장과 병에 담겨 쌓여 있다. 그래서 쉬운가. 안 해본 사람은 모르는 속내가 따로 있다. 국수는 제 몸의 열 배 넘는 물을 잡아 섭씨 100도가 넘도록 펄펄 끓이는 수고를 거쳐 오는 음식이다. 그 옆으로 사리를 말 육수는 또 따로 끓는다. 전기밥솥과는 또 다른 열기와 습기를, 물 가득한 솥이 푹푹 뿜는다. 국수 한 그릇 마련하는 동안 그 열기와 습기를 온몸으로 받으며 겪는 수고는 변함 없이 이어지고 있다.

빵과 과자는
다릅니다

"빵과 과자는 다릅니다, 제빵과 제과는 달라요" 하고 둘의 차이를 굳이 설명함은 잗다란 지식 자랑만이 아니다. 제빵제과 교과서를 거칠게 요약하면, 반죽이 발효 과정을 거치면 빵이요 거치지 않으면 과자다. 빵은 단백질 성분인 글루텐^{gluten}으로 기둥을 세우고, 과자는 설탕과 유지로 골격을 짠다. 만들고 먹는 동안을 관찰하면, 빵은 입에서 물리지 않고 뱃속에서 부담이 없는 주식이어야 하므로 수수한 질감과 풍미에 집중한다. 소박함이 미덕인 제빵에서는 설탕과 유지가 껴들 틈이 별로 없다.

    이에 견주어 과자는 별미로 먹는 간식이다. 반드시 배를 불리자고 먹지 않는다. 본능에 호소하는 매력으로 사람의 기호를 당기는 음식이 과자다. 제과에서는 인간의 원초적인 미각을 만족시키는 재료인 설탕과 유지가 노골적으로 밀가루와 손잡는다.

소박함은 과자의 미덕일 수 없다. 과자는 화려함에 집중한다. 바로 눈에 띠라고 지시적 색상을 뽐내고, 한눈에 선택받으라고 조형미를 과시한다. 방금 무엇을 먹었든 본능적으로 입에 밀어 넣도록 단내가 진동하고, 한입 와삭 씹는 순간 단맛이 터지는 쪽으로 설계가 되어 있다. 지시적 색상, 물러섬이 없는 조형미, 단맛에 수렴하는 풍미, 이 셋은 과자를 만들고 먹는 맥락 속에서 드러나는 과자의 구체적인 특징이다.

"알았어요, 그래서 어쩌라고요?" 하고 물으신다면, "덕분에 내가 지금 무엇을 어떻게 먹고 사는지가 한층 또렷해지는 좋은 효과가 있지 않습니까" 하고 답하겠다. 내가 빵집에서 실제로 빵을 집었는지 과자를 집었는지 돌아보자. 우리는 실은 빵으로 오해한 과자를 먹으며, 당과 유지를 잔뜩 먹고 있는지도 모른다. 또는 간식을 먹겠다면서 밥 몇 공기 열량의 식빵 한 덩어리를 앉은자리에서 해치우기도 한다. 빵과 과자가 뒤섞인 감각의 혼란이 분식粉食에서 주식과 기호식의 뒤섞임으로 나타나는지도 모른다.

줄줄이 이어진다. 밀가루 분식, 제빵제과의 역사가 오래되지 않은 이 땅에서는 빵 전문의 빵집, 과자 전문의 제과점이 따로 서기 참 어렵다. 어떤 가게든 일단은 식빵 및 바게트 매출과 동시에 찹쌀도너츠며 꽈배기의 매출을 붙들어야 가게를 유지할 수 있다. 한국형 빵집, 제과점의 상품 구성과 판매의 현황에서 영어권의 스낵snack 가게에 가깝다. 영어권의 스낵이란 요기 되는 간식에서부터 부재료를 잔뜩 붙인 과자류를 포괄하는 개념이다.

복잡한 설명 더 보탤 것 없이 그냥, 우리 집 앞 프렌차이즈 빵집이 곧 영어권의 스낵 가게이다.

일선의 제빵사, 제과사도 그렇다. 실제로는 당과 유지에 입맛 다시면서 "나는 빵 없이는 못 살아요" 하는 손님 앞에서, 과자 판매대로 바로 들어와서는 "나는 원래 단 것을 별로 안 좋아해요"를 외치는 손님 앞에서 분식과 제빵제과 문화사도, 기술자가 머리 싸매고 배운 교과서도 일순간에 하릴없는 노릇이 되고 만다. 생산자와 소비자는 서로 무안해진다. 이래서는 생산자와 소비자가 서로 북돋는 관계를 맺기가 어렵다. 그러므로 더욱 기본 정보, 기본 지식을 꼼꼼히 이해하고 설명하는 공부가 절실하다. 늘 과학 교육이 고민인 서울시립과학관 이정모 관장은 한 칼럼에서 이렇게 말한 바 있다.

> 과학을 쉽고 재미있게 가르치려다 보면 우리는 핵심을 빼놓고 과학자 주변의 일화만 들려주게 된다. 교육은 어렵더라도 본질에 도전해야 한다.[7]

이 말씀을 음식 앞에 세우고 보니 '쉽고 재미있는 주변의 일화'란 갈데없는 맛집 사냥에 먹방 아닌가. '본질에 도전'한다면 역시 기본 지식과 정보이다. 맛있으면 그만이지 무슨 공부? 물건이나 잘 뽑으면 됐지 피곤해 죽겠는데 무슨 공부? 하면서 기

---

7   이정모, "내가 꿈꾸는 과학관", 〈동아사이언스〉, 2017년 2월 13일 (인터넷판으로 인용).

어코 짜증을 낼, 생활에 지친 장삼이사들의 속내를 모르지 않는다. 아울러 그 피곤과 짜증을 넘지 못하면 내 식생활이 지금 여기서 털끝만큼도 더 나아질 수 없음을 예감한다. 그러므로 기어이 아득인다. 어느 분야에서나 마찬가지로, 음식에서도 행동이 필요하다고. 행동의 출발은 공부라고. 정말 줏대 있는 식생활을 하기 위해서는 기본을 이해해야 한다. 제몫을 하는 기술자란 내일을 설명할 수 있는 사람이다. 만드는 쪽이나 유통하는 쪽이나 사 먹는 쪽이나 모두의 출발은 결국 기본을 다지는 공부일 테다.

한국 빵 문화사의
원형

"저에게는 만두 가게에서 팔던 찐빵과 만두가 어린 시절의 기억으로 있습니다. 이어서 막걸리 넣고 슬쩍 찐 술빵… 별미죠."

김경애 아트 디렉터로부터 들은 말씀이다. 1950년대에 서울에서 나고 자라, 청년기를 프랑스에서 보냈으며, 이제는 일 때문에 1년의 절반은 해외에서 지내는 분의 추억. 그 빵의 추억은 만두 가게에서 시작하고, 찐빵과 만두와 술빵이 뒤섞인다. 이야말로 한국 빵 문화사의 원형이 압축된 기억이다. 한국인이 빵을 만들고 먹어온 역사는 짧다. 더구나 서양식 빵을 오늘날처럼 흔히 먹을 수 있게 된 지는 얼마 되지 않는다. 쌀가루로 떡을 짓기도 했지만, 떡은 빵이 아니다. 떡에는 효모를 이용한 부풀리기 과정이 없다. 식물 단백질 성분인 글루텐에서 비롯한 물성도 바랄 수 없다.

빵은 19세기 말 개항 이후에야 한국 음식 문화사에 들어왔다. 개항의 첫 상대는 일본이었지만, 중국이야말로 지리적으로 조선과 가까웠다. 상인, 노동자 등 청나라 사람들이 몰려들었다. 이들 가운데 조선에 자리를 잡은 사람들이 현대 한국화교의 뿌리이다. 이들은 밀가루 반죽을 부풀리고, 글루텐으로 물성을 잡아 찐 '빵'을 먹었다. 속 넣지 않고 찐 중국식 찐빵이 '만두[饅頭]'이다. 속 넣고 찐 밀가루 빵이 '포자[包子]'이다. 한국인이 보통 만두라고 하는 음식, 빵의 속성이 별로 보이지 않는 그 음식은 '교자[餃子]'이다. 제빵의 원리를 알기 힘든 조선 사람 눈에는, 글루텐 잡은 반죽으로 찐 모든 중국 밀가루 음식이 곧 호떡이었다.

일본인은 구운 빵을 들여왔다. 단팥빵, 그러니까 앙꼬빵이란 일본 근대 제과의 상징인 앙팡[餡パン], 안코팡[あんこパン]이다. 이 음식은 일본의 전통 팥소인 앙을 중국식 포자로 싸, 서양식으로 구운 것이다. 일본에서 식사용 빵은 쇼쿠팡[食パン]이라 했다. 이를 한국어로 읽으면 '식빵'이다. 조선 사람들은 일본식 제빵제과의 산물을 왜떡이라 뭉뚱그려 불렀다. 조선 사람들은 호떡과 왜떡 사이에서 빵을 경험했다. 제빵과 제과도 뒤섞였다. 김경애 디렉터의 추억 속 '만두 가게 찐빵'이 바로 이것이다. 만두와 찐빵이 함께인 추억, 그 뒤를 술빵이 뒤따른다. 술빵 또한 일본 제빵사 초기의 산물이다. 서양식 효모에 익숙지 않던 일본인들은, 반죽을 부풀리느라 아예 반죽에다 효모가 살아 있는 생[生]사케를 넣기

도 했다. 한국전쟁 이후 원조를 통해 밀가루, 옥수수가루가 생긴 한국인은 거기에 막걸리를 써 술빵을 쪘다.

일찍이 조선인 최고위층과, 외교관, 부유한 외국인 상인이 드나드는 최고급 호텔에서는 정통 방식의 빵과 과자를 구웠다. 하지만 이런 빵은 극소수 상류층을 위한 음식일 뿐이었다. 20세기에 들어서자 화교의 호떡은 찐빵이라는 이름과 함께 점차 화교의 만두 가게에 따로 묶였다. 또는 '호떡집'에 화교의 간편한 분식류가 모두 모여들었다. 별미 간식의 의의가 있는 제빵제과는 일본인 차지였다. 일본인의 빵집에서 나온 앙꼬빵, 소보루빵, 카스테라 등 빵의 이름을 붙인 빵 겸 과자가 부유한 조선인에게 돌아갔다. 서민들은 소문으로 들은 그 빵 한 조각을 선망했다. 하지만 서민대중의 일상생활에 빵이 자리를 잡은 것은 아니다.

해방 전까지 조선에 자리한 빵집의 핵심 기술자와 경영자는 모두 일본인이었다. 조선인은 허드렛일이나 했다. 손님이란 일본인 중심의 외국인에 극소수 조선인 부자가 다녔다. 해방이 되자, 일본인의 빵집에서 일하던 조선인 기술자들은 남겨진 시설과 도구를 가지고 엉성하게나마 제빵제과의 명맥을 이었다. 1945년 직후 들어온 주한미군은 부풀리기도 엉성하고, 오븐도 시원치 않은 채 나온 빵의 품질에 냉정했다. 당시 미군은 조선 사람이 만든 빵을 좀처럼 사 먹지 않았다고 한다. 맛이 없었으니까!

한국학중앙연구원 주영하 교수는 한국사에서 본격적인 빵 문화사의 시작은 공장 빵이라고 단언한다. 소수 부자의 일상과 서민대중의 식생활이 완전히 달랐음을 지적하는 것이다.

"크림빵 일명, 보름달빵, 1960년대 후반 미국의 밀가루 원조 이후의 밀가루 수입이 본격화되면서 공전의 히트를 쳤던 빵도 어린 시절 안에 있습니다."

넉넉한 집안 출신인 김경애 디렉터에게도 "없던 시절이라 빵 한입 먹는 일이 얼마나 간절한 일"이었는지 모른다. 1960년대 초에는 원조 밀가루와 옥수수가루로 만든 옥수수빵이 학교에 뿌려졌다. 60명 넘는 학생 모두에게 돌아갈 수 없어, 청소하는 분단 학생에게만 배급하는 경우도 흔했다. 또한 김경애 디렉터의 회상이다.

빵은 1960년대 후반 시작한 산업화와 드디어 맞아떨어졌다. 정은정 농촌사회학 연구자에 따르면 공장에서 나온 빵은 건설현장, 공장, 농촌에서 참으로 요긴했다. 손 씻을 것도 없이 봉지만 뜯으면 참 또는 끼니가 해결됐다. 수분이 덜한 만주 계통은 동네 구판장에 방치해도 한참을 팔 수 있었다. 일에 쫓기던 도시 서민과 농어민 부모는 공장 빵 한 봉지를 자녀에게 쥐어주고는 일터로 달려갔다. 1980년대까지 이어진 풍경이다. 이 먹을거리는 브레드도 페스트리도 빵도 과자도 아닌 그 무엇이었지만, 한국인은 이를 다 그냥 '빵'이라고 했다.

한국인은 호떡과 왜떡을 통해 빵을 감각하기 시작했다. 제빵과 제과는 구분되지 않았다. 해방 후 낮은 기술력에서 제대로 제빵제과를 해내겠다고 발버둥친 빵집이 몇 집 있었고, 이들이 일제 강점기와 마찬가지로 부유한 소비자에게 소량의 빵을 공급했다. 한편 산업화와 함께 공장이 양산한 빵이 서민대중의 일상에 파고들었다. 어느 시점을 지나 빵은 우리 일상에 완전히 자리를 잡았다. 그리고 오늘, 우리는 드디어 빵에 열광하고 있는가? 쉽게 말하기 어렵다.

살펴본 대로이다. 지난 빵의 역사를 이어 한국인은 여전히 빵(제빵)과 과자(제과)를 뒤섞은 일상 식생활을 하고 있다. 주식과 간식 사이에서 어정쩡하게 먹고 있으니 실은 우리가 무엇을 어떻게 먹고 있는지 가늠하기가 어렵다. 어떤 매체는 유행하는 간식의 주재료가 밀가루라는 점만 보고 한국인이 지금 빵에 매혹됐다는 말도 함부로 쓴다. 그런데 매체가 말하는 만큼 서민대중은 빵에 열광하고 있을까. 돌아보면 단팥빵, 찹쌀도넛, 꽈배기를 빼고 순전히 빵으로 독립한 빵집이 아직 드물다.

대중매체는 최신 유행을 강조하지만, 우리는 먹어온 대로 먹고 있는 듯하다. 산업화 시대의 아이들이 그랬듯, 청년학생은 조리 과정 생략한 한 끼를 찾아 빵집에 들어간다. 단팥빵이며 유지가 번져 나오는 패스트리는 지하철 곳곳, 오븐 한 대 놓을 자리만 확보한 시내 곳곳에서 한참 팔리는 중이다. 물론 대기업 냉동 생지에 완전히 의존한 채다. 이러다 다방보다 빵집이 많아질 수도 있지만, 그 빵집은 빵을 팔자고 연 집일까.

동네 제과사(제빵사 말고 제과사!)에게 일선 종사자의 감을 물었다. 한국인이 현재 빵에 열광해 있는지. 도리질한다. 대답이 걸작이다.

"단 거는 필요하고 빵은 빵빵하게 크니까 가성비 좋게 느껴지고, 빵은 우리에겐 간식이니까 달아야 팔리고…"

이전보다 다양한 빵이 진열되고, 빵을 찾는 사람들의 수가 늘었음은 사실이다. 그러나 구체적으로 어떻게 먹고 있는가를 따지면, 어느 상품을 사는가를 따지면, 그저 열광하고 있다고 말하기 어렵기만 하다. 오늘 확인할 수 있는 것은, 한국인에게 빵은 여전히 빵과 과자, 브레드와 패스트리, 주식과 간식이 뒤섞인 음식이라는 점이다. 음식 문화사를 읽는 입장에서는 여기가 급소다.

여기서 다시 떠오르는 것은 매체나 힙스터의 호들갑보다 1800년대 말에 이 땅에 들어와 정착한 화교의 발자취이다. 그들의 식생활이다.

만일 집에 밀가루가 없거든 호전胡廛, 중국인의 가게에 가서 호밀가루(중국산 밀가루)를 사되 만두소를 봐서 쓸 만큼 사서…

19세기 조리서 〈음식책〉 속, "팔구월만두하는법"이라는 항목의 한 구절이다. 송나라 사람 서긍徐兢이 1123년 고려를 다녀가며 남긴 견문록인 〈선화봉사고려도경宣和奉使高麗圖經〉에도 "나라 안에 밀[麥]이 적어 죄다 상인이 경동도京東道, 중국 산동 지역에서 사들이니 면麵의 값이 너무나 비싸 큰 의례가 아니면 쓰지 않는다"[8]라고 했듯 한반도는 밀농사가 잘 되는 지역도 아니고 밀농사를 열심히 짓자고 고심한 곳도 아니다.

 오랫동안 한국인의 분식의 중심에는 칡 전분과 메밀가루가 있었다. 그 밖에 녹두 전분도 별미 국수쯤에 쓰기는 했지만 이는 어디까지나 극소수 상류층의 식생활에 한한 예다. 한반도에서 조금 나는 밀의 쓰임은 무엇보다도 장의 부재료 또는 술이나 초를 만들기 위한 누룩의 재료로 중요했다. 한국 전통 사회에서 밀은 한 번도 주곡의 자리에 있었던 적이 없다. 그래서 밀은 오곡밥 같은 별식을 만들 때에도 오곡五穀에 들지 않는다. 극소수의 사람이 국수와 과자를 만들 때 최고급 재료로서 고운 밀가루를 쓸 수 있었고, 고급 요리를 위한 국물이나 즙의 점도를 높이는 귀한 최고급 재료로 쓰기는 했지만, 전통사회에서 밀가루는 다수 한국인에게 익숙한 식료는 아니었다.

 가령 만두피를 밀 때에도 메밀가루가 먼저였고, 밀가루는 여간해서는 쓰기가 어려웠다. 그러므로 인용한 〈음식책〉의 한 구절이 더욱 각별하게 다가온다. 거칠게 요약해, 화교가 평양·인천·서울·원산·부산 등지에 자리를 잡은 역사란 곧 한국인 다수가 분식의 핵심인 밀가루 반죽에 익숙해진 역사이기도 하다. 전 지구의 역사에서 수많은 곡물의 가루가 분식粉食의 바탕이 되어 왔지만 제면과 제빵과 제과의 핵심과 동력이 밀가루에 있다는

---

[8] 國中少麥, 皆賈人販自京東道來, 故麵價頗貴, 非盛禮不用

점을 떠올리면 이는 일상생활의 역사, 문화의 추이에서 가볍게 지나칠 일이 아니다.

화교는 산동 또는 화북의 밀가루를 가지고 들어와 찐빵과 만두를 빚고 다양한 국수를 내 보통 사람이 한 끼를 감당하는 모습을 보여주었다. 밀가루를 보따리에 싸 가지고만 와서는 성이 차지 않은 화교는 소규모 밀 제분에도 곧 뛰어들었다. 화교의 일상생활과 경제활동을 통해 한국인들은 분식이 벼·보리·조 농사를 바탕으로 한 입식粒食에 맞먹는 주식이 될 수 있다는 점을 알게 되었다. '호떡집'의 경험 또한 중요하다. 화교 역사상의 호떡집이란 호떡·찐빵·만두 그리고 밀가루 간식을 두루 만들어 판 간이음식점이다. 호떡집은 분식이 대도시 요식업에서 의미 있는 한 분야가 될 수 있음을 한국인에게 잘 보여주었다. 뒤이어 큰 규모의 중국 음식점에서 선보인 다양하고 화려한 제면·제빵·제과의 세계는 일상의 한 끼를 넘어 산업화한 분식, 분식과 손잡은 본격적인 요식업의 예를 한반도에 펼쳐 보인 셈이다.

1920년대 이후 한반도에서도 현대 제분업이 일제에 의해 본격화된다. 한반도에서 제면부터 제빵과 제과에 이르는 적성에 가장 잘 맞는 밀은 황해도 일대의 밀이었다. 1919년 조선총독부 농사시험장에 부임한 이래 26년이나 조선의 농업을 연구한 농학자 다카하시 노보루高橋昇, 1892~1946는 조선 황해도산 밀에서 북미산 밀 못잖은 제빵의 가능성을 발견한다. 일제는 그들이 육종한 밀을 조선 농민에게 보급하기도 했다. 이윽고 1919년에는 진남포에 현대식 제분 공장이 들어서 제분 공업의 역사가 본격화한다. 그 뒤 1930년대까지 일본 미쓰이三井와 미츠비시三菱의 자본이 조선의 대형 제분업의 뒷배가 되었다. 이들이 경합하는 가운데 용산과 영등포와 인천에도 대형 제분 공장이 다투어 들어선다. 그러나 여기서 나온 밀가루는 다른 무엇보다도 만주와 화북 시장에 이출하기 위한 제품이었고 한반도의 수요는 그 다음이었다. 그때까지도 한반도 안 화교 요식업의 분식, 그리고 일본 거류민 과자 업체가 만드는 '왜떡(양과자)'이 쓰는 밀가루의 양은 대단치 않았다. 대형 제분을 뺀 나머지에서는, 당시 중국인으로 집계된 화교의 제분 규모가 조선인의 제분 규모를 앞섰다.

드디어 한국 음식문화사에서 분식이 끼니와 별미 양쪽에서 입식과 어깨를 나란히 한 때는 해방과 한국전쟁 이후에 찾아왔다. 농업이 황폐화한 가운데 1956년 이후 미국에서는 원조 밀가루가 물밀듯이 이 땅에 들어왔다. 쌀이 부족한 가운데, 한국인은 어떻게든 밀가루를 가지고 식생활을 이어가야 했다. 그런 속에서 짜장면, 짬뽕, 중식 우동, 호떡, 찐빵, 만두의 경험은 한국인에게 분식의 참고서 노릇을 했다. 본격적이며 대중적인 분식의 시작과 확산에서 화교의 일상생활과 음식 문화는 그 의의가 어마어마하다. 그에 견주어 화교가 한반도에서 가지고 들어와 꽃피우고, 한국인과 손잡고 새로이 적응하고 대응한 분식 문화의 세부에 대한 연구는 여전히 모자라고, 여전히 시야가 좁다. 이 또한 앞으로 연구자들이 파고들 만한 분야가 아닐까 한다. 더구나 기초 자료와 통계의 확보와 확인에서, 더구나 역사학 연구자와 인류학-민속학 연구자의 교류와 협력이 절실하다.

카스테라와
카스텔라 사이

일본사에서 천정^{天正} 시대, 그러니까 서기 1573~1592년 사이에 나가사키로 처음 들어왔다. 중개자는 포르투갈 사람들이었다. 그 조리 방법은 이렇다. 달걀, 설탕, 밀가루, 꿀, 맥아당(조청), 우유 등을 섞어 뻑뻑한 반죽을 만들어 나무틀에 붓는다. 틀은 일본에서 구하기 쉬운 삼나무 계통 목재를 쓰면 그만이다. 반죽은 오븐에 넣고 구워야 한다. 번듯한 유럽식 오븐을 당장 만들기 어렵다면? 쓰던 아궁이 또는 화덕을 손보아 대류열을 가둘 공간을 확보하면 그만이다. 대단한 교육을 받지는 않았으나 원리를 파악해, 내가 구할 수 있는 자원을 가지고, 쓸모 있는 사물을 만들어내는 솜씨 또는 그 결과를 브리콜라주^{bricolage}라고 한다. 브리콜라주로 조리의 한 고비를 넘기면 결과를 기대할 만하다. 한 시간쯤 불 조절에 주의해 잘 구우면 맛난 과자가 완성된다.

눈치 챈 독자도 있으리라. '카스테라^{カステラ}' 이야기다. 더 들어가 보자. 일본인은 챠완무시^{茶碗蒸し}를 익히 먹어왔다. 일식 달걀찜인 챠완무시는 설탕과 다디단 요리술을 섬세하게 써 특유의 질감과 풍미를 구현한다. 남중국, 동남아시아, 유구(오키나와)와 이어진 무역 덕분에 쓰자고 하면 일본인에게 설탕이 없지 않았다. 이윽고 네덜란드와 영국이 정제당의 시대를 열자 일본인은 정제당에도 금세 적응했다. 이때 비정제당 경험은 유용한 참고서이자 훌륭한 조력자였다. 챠완무시는 일본에서 만들어진 카스테라에 또 다른 상상력을 빌려주었다. 챠완무시의 맛과 조리의 설계에서 연역하면 이렇다. 카스테라란 밀가루 전분의 호화^{糊化}가 낀 데다가 설탕과 우유에서 비롯한 독특한 질감과 풍미까지 기대되는 새로운 챠완무시이다. 대류열에 굽는다지만 반유동 상태의 반죽이 머금은 물기는 찌는 효과도 낸다. 틀에 쓴 나무는 물기를 붙들어주는 소재이다. 시도와 시도를 거듭하는 가운데, 내 입맛의 기호와 공동체의 선택이 그 다음 진화의 동력이 되었다.

맥아당, 꿀, 설탕을 섬세하게 매만진 끝에 구현한 쨍하면서 깊은 단맛, 우유와 벌꿀이 배가한 풍미, 찜의 여운이 있는 스폰지의 물성 등은 이베리아 '카스텔라^{castela}'와는 다른 '카스테라^{カステラ}'의 속성이고 개성이다. 16세기 이베리아(포르투갈-스페인)의 카스텔라를 시조라고 한다면 일본의 카스테라는 시조와 나란히 설 만한 중시조다. 일본 제과인들은 이베리아에서 유래해, 일본 제과의 역사와 문화 속에서 꽃펴, 오늘날 동아시아 사람이 공유

하는 카스테라를 일본 과자로 여긴다. 먹는 분야에서 '힙스터'를 자처하는 유럽 사람에게도 카스테라는 일본 과자로 보인다. 일본풍 찻상과 함께라면 더하다. 카스테라는 메이지 시대 이후 꽃핀 구미풍의 양과자洋菓子가 아니라, 일본 전통 괴자 곧 화과자和菓子 동아리에 들어간다.

1718년에 나온 본격 제과서인 〈어전과자비전초御前菓子秘伝抄〉에도 이베리아발 과자의 원리와 본질에 파고든 흔적이 역력하다. 이 책은 달걀을 예민하게 대하고, 달걀 거품을 잘 쓰고, 대량의 설탕을 적절히 통제하는 데서 이베리아 및 유럽 제과의 특색을 발견한다. 낯선 재료인 밀가루와 낯선 기술인 제빵 또한 일본식으로 소화한다. 가령 술이나 술지게미를 써 반죽을 부풀린다는 제안도 흥미롭다. 한국인에게도 익숙한 옥수수술빵의 원리다. 상상력과 시도는 메이지 시대로 이어졌다. 문호 개방과 함께 폭발한 서양 제빵제과의 이입은 두 번째 도전과 도약의 계기였다.

눈 돌려 오늘 내 나라를 바라본다. 슈니발렌, 벌집아이스크림, 대만카스테라, 뚱카롱, 흑당 음료 등등 속도를 가늠할 수 없는 유행이 명멸한다. 무엇이 의미 있는 시도이고 무엇은 유산이 되지 못할 우발적인 등퇴장인가? 무엇이 한국적 재해석이고 무엇은 열화복제인가? 열화복제라도 쌓기만 하면 유산이 될까? 아니 쌓은 게 있긴 한가? 운산조차 벅차다. 유행에 관한 중계보다, '뚱카롱은 한과다'와 같은 명제에 대한 답을 찾기보다, 관찰자의 착잡함부터 굳이 남긴다. 이 착잡함이 나와 내 동포에게 유산이 될 수 있을지조차 회의하면서.

하루쯤은
달콤하고 싶다

대보름도 지나면 2월 14일, 한순간에 대중의 일상에 파고든 밸런타인데이가 온다. 이 날을 유래불명, 국적불명, 정체불명에 이르는 말로 비판하는 사람도 있지만 대중은 어느새 이 날을 명절로, 기념일로 만들어버렸다. 비판에도 일리가 있다.

 유래? 불분명하다. 황제가 군인의 혼인을 금지했다고? 이치에 닿지 않는 소리다. 이 날의 아버지라는 발렌티노가 여러 발렌티노 가운데 과연 누구인지도 분명치 않다. 국적? 불분명하다. 최근 백 년 유럽 여기저기에서 이 날은 연인뿐 아니라 가족과 친지를 위한 기념일이었다. 이 날이 연인을 위해 돈 쓰는 날로 변한 곳은 미국이다. 여기에 일본이 초콜릿을 더했고, 대만과 한국이 일본의 뒤를 따랐다. 이제는 대륙 중국에서도 전통적인 대보름과 칠석을 따돌리고 연인 사이의 기념일로 자리를 잡은 눈치다.

　다만 정체를 따지기란 만만찮다. 한국인이 공동체가 부과한 의무와 부담에서 벗어난 명절을 누려본 적이 있었나. 사랑, 연애, 애틋한 마음, 수줍은 고백, 에로티즘에 집중한 하루가 있었나. 화려한 과자라든지 꽃송이 같은 명시성 강한 물건을 손에 든 채 남의 눈치 보지 않고 거리를 활보할 기회는 있었나. 이 날이 출처 불분명하고, 별안간 주어졌으며, 상품 판촉 활동에 잇닿지 않은 것은 아니다. 유래, 국적은 암만 봐도 잘 모르겠다. 무리한 판촉 활동과 도를 넘는 소비가 분명히 있다. 그런데 적어도 한국에서, 대중에게, 정체만큼은 분명하다. 이 날은 갑오개혁을 지나서도, 해방을 지나서도 없었던 연인의 날이다. 너랑 나랑 둘이서 주인공이 되는 하루를 바란 대중의 마음이 만든 날이라는 속내가 있다. 해방 이후 특정 종교와 대한민국 정부가 서로 손잡고 일방적으로 선포한 몇몇 공휴일에 견주어 오히려 훨씬 자연스럽다는 생각도 든다.

　한국을 포함한 동아시아의 이 날과 초콜릿도 읽어볼 만한 주제다. 과자는 인류 음식 문화사의 진화와 함께 꽃핀 문명의 꽃이다. 과자를 못 먹는다고, 안 먹는다고 죽지 않는다. 그런데 사람은 기어코 과자를 만들고, 과자를 먹는다. 밥, 빵보다 훨씬 많은 비용과 노동을 들여 굳이 만들고 먹었다. 과자는 택할 수 있는 한 그 풍미, 질감, 형태 모든 면에서 화려한 쪽을 택하는 음식이다. 과자는 사람에게 원초적인 행복감과 특별한 순간을 동시에 환기하는 음식이다. 생존만을 위해 이루고 먹지 않는다는 점에서는 노는 인간, '호모 루덴스'를 단박에 드러내는 음식이기도 하다. 과자 가운데서도 초콜릿은 과자의 마침표가 되는, 과자 세계의 정점에 선 과자이다. 판촉을 처음 기획한 사람이 처음부터 이를 염두에 두고 초콜릿을 가져다댔는지는 모르겠지만 특별한 사이를 위해 이만한 정표도 다시 없을 것 같다. 아무려나, 이제 반전이 필요하다. 이왕 벌어진 판에서 보다 지혜롭게 나와 너의 하루를 만들어야 하지 않겠는가. 지혜를 돕는 아주 간단한 지식 몇 가지를 전한다.

아주 간단하게 말해, 초콜릿의 녹는점은 체온과 같다. 입속에 넣었을 때 이물감 없이 사르르 녹아 풀리고 특유의 단맛과 향이 올라오는 과자, 그게 초콜릿의 조건이다. 식물성유지, 레시틴, 합성착향료는 유사초콜릿 또는 준초콜릿에 들어가는 첨가물일 뿐이다. 초콜릿은 카카오버터, 카카오매스, 설탕 이 세 가지 원료로 그만이다. 밀크초콜릿은 분유만 더한다. 오늘날 상품의 가격대란 넓게 벌어지게 마련이고, 소비자도 저마다 형편에 맞는 소비를 해야 할 테지만, 그래서 유사초콜릿 또는 준초콜릿도 필요하지만, 한 번쯤 나와 너를 위한 사치를 하겠다면 원재료만큼은 한 번 유심히 살펴보기 바란다.

다시, 딱 두 가지다. 초콜릿의 녹는점이 사람 체온과 같다는 점, 초콜릿에는 원래 카카오빈에서 나온 카카오버터 이외에 어떤 다른 유지도 쓰지 않는다는 점, 딱 두 가지다. 이를 기억하면 '예뻐서' 샀는데 어이없이 '비싼 거'를 사는 실패를 막을 수 있다. 굳이 초콜릿의 원료인 커버처를 구해, 내 손으로 초콜릿을 만들

분들은 제과가 어마어마한 기술 숙련의 세계라는 것을 기억하기 바란다. 전문 초콜릿 제과사는 대리석에 섭씨 40도에서 50도로 녹인 액상의 초콜릿을 부어놓고, 다시 27도쯤에서 굳기를 기다려 순간적으로 작업을 해낸다. 이를 매일 몇 년 간 수련한 사람만이 남에게 팔 만한 초콜릿을 만들 수 있다. 기타는 초콜릿 전문 제과사에게 문의할 것! 초콜릿은 워낙 사람 손을 잘 타야 잘 나오는 과자다.

비빔밥 한 그릇 앞에서

"골동^{骨董}이요? 예술적 가치가 있는 고미술품, 또는 우아한 소품$^{curio,\ antique}$이란 뜻이 있지요. 그런데 자질구레해서 무어라 분류하기 어려운 옛날 물건이라는 뜻도 있어요. 골동에서 '예술적 가치'나 '우아함'이 빠지면 엿이랑 바꾸어 먹을 폐품에 가까운 고물이죠."

새봄, 새순 올라오는 철에는 비빔밥 이야기를 해달라는 분도 부쩍 는다. 해달라고 하는데, 어떤 분들은 비빔밥에다 굳이 오색 오미, 오방색의 철학, 한식의 도^{道} 등등 넘칠 지경의 수사를 이미 깔고 물어온다. 이때 비빔밥의 한자 표현인 '골동반^{骨董飯}'이 비빔밥의 가치와 우아함을 단박에 드러낼 마법의 어휘로 보이기도 하나 보다. 아마도 '골동'이란 말이 훈련된 취향과 점잖은 취미의 후광을 뿜기 때문일 테다. 그런데 그 후광이 너무 세 골동품과 고물 사이가 아주 좁다는 점은 또 생각지 못 할 수도 있긴 하겠다.

논의를 한국 음식 문화사 속 비빔밥에 맞추면 19세기 홍석모의 저술 〈동국세시기〉가 참고가 될 만하다. 〈동국세시기〉는 오늘날의 비빔국수 방식의 국수를 '골동면'이라고 했다. 아울러 중국 강남 사람들이 '반유반盤遊飯'을 잘 만든다고 했다. 반유반이란 찬합의 바닥에 생선식해, 육포, 회, 구이 따위를 깔고, 그 위에 밥을 퍼 담아 들고 나가는 도시락이다. 이것을 놀던 자리에서는 비벼 먹는다. 홍석모는 골동면에 견줄 만한 밥의 '골동'이라고 했다. 이 뒤로 골동반이란 말은 오늘날의 비빔밥과 별로 다르지 않은 말로 많은 문헌에 등장한다. 이대로다. 일상의 말과 일상의 실제 행위로 비빔밥의 속성은 아주 충분히 설명이 된다.

대저 부빔(비빔)의 출처는 골동에서 나왔다. 장사꾼이 무슨 물건이든지 오래되고 파상(망가진)난 헌 넝마까지 벌려놓고 팔고 사는 곳을 골동가게라 한다. (…) 부빔밥(비빔밥)은 여러 가지 잡되게 섞은 것을 말한다.

근대의 스타 요리인 이용기가 1924년 펴낸 〈조선무쌍신식요리제법朝鮮無双新式料理製法〉에 실린 "부빔밥(비빔밥)" 항목의 한 구절이다. 역시 충분하다. 음식에 관한 논의는 엄연한 물리적인 실제의 한 그릇에서 출발할 일이다. 말은 그 뒤를 조심스럽게 따라오면 된다. 가령 홍석모와 동시대를 살다간 이규경李圭景은 〈오주연문장전산고五洲衍文長箋散稿〉의 골동반 항목에다 나물, 생선회(숭어/갈치/준치), 생선구이(전어), 마른 새우 가루, 새우젓, 새우알, 게장, 달래, 오이, 구운 김 가루, 잘 익힌 매운 장, 볶은 황두 등 당시 사람들이 잘 먹는 비빔밥 재료를 소개했다. 여기서도 여실히 드러난다. 비빔밥은, 밥상에 놓인 밥에다 어떤 재료든 숟가락, 젓가락, 손에 걸리는 대로 섞어 만든다. 만들기도 먹기도 만만하다. 그래서 오래전부터 요식업에 등장할 수도 있었다. 오늘날 꼬막이든 멍게든 상추든 콩나물이든 심지어 물기 자작한 불고기를 더해서든 온갖 비빔밥을 만들어내는 모습이 오히려 이규경의 기록에 이어지는 오늘날의 비빔밥 풍경이다.

유래도 기원도 어휘도 오늘날 내 앞에 놓인 구체적인 비빔밥의 입장에서 살핌이 옳다. 이때에도 그 음식의 가장 중요한 특징이 무엇인가에 관한 설명과 이해를 빠뜨리면 하나 마나 한 허무한 정보 나열을 벗어나기 어렵다. 비빔밥에서 간장, 고추장, 기름장, 시금장, 기타 별미장이 한껏 비빔밥의 풍미를 끌어올리는 모습을 보라. 밥의 상태와 특정 재료에 맞는, 섬세한 장의 안배는 비빔밥 고도화의 가능성을 다시 연다. 생선회비빔밥에다는 겨자장을 쓰기도 했다. 섬세하게 감각하면 참기름의 미각도 새삼스럽다. 참기름을 적절히 다루는 데서 우리는 진짜 향신유의 가치를 재발견할 수 있다. 재료와 재료가 따로 놀지 않도록 하는 달걀의 쓰임은 어떨까. 기름에 지질 뿐만 아니라, 수란을 쓰기도 했다. 〈시의전서〉는 비빔밥에다 양지와 갈비 육수를 바탕으로 해 끓이고, 화려한 고명을 얹은 잡탕국을 붙여 비빔밥 한 상을 만들기도 했다. '걸리는 대로'라고 했지만 이를 '지역'과 '제철'과 '나의 기호와 취향'과 '섬세한 접근'으로 바꿀 때, 비빔밥은 스스로 무궁무진한 가능성을 쥔 음식이 된다. 번잡한 수사보다, 내 앞에 놓인 한 그릇 잘 살피기. 음식에서 이를 앞설 일은 없다.

소금 한 톨에
깃든 사연

한국 노동자와 중국 노동자가 충돌했다. 투석전이 낀 패싸움까지 났다. 기업체 많고 공장 많은 대한민국 경기도 어디쯤에서 어제 일어난 일이 아니다. 조선소가 많은 경상남도 어디쯤에서 오늘 벌어진 일 또한 아니다.

1910년 6월 2일 한인^{韓人} 염전 노동자와 청인^{淸人} 염전 노동자 수백 명이 대한제국 평안남도 대동강 하구, 진남포 연안의 광량만^{廣梁灣}에서 충돌했다. 〈대한매일신보〉 1910년 6월 5일자는 이 소식을 평양발로 보도했다.

한청인쟁투

: 평양 전보에 따르면 지난 6월 2일 밤 광량만 염전에서 지나$^{支那, 중국}$인 인부 300명과 한국인 인부 700명 간에 큰 싸움

〈대한매일신보〉 1910년 6월 5일자 "한청인쟁투".

이 일어나 투석전을 벌였다고 한다. 피아 간 다수의 부상자가 났고, 오늘 오전 3시가 되어서야 겨우 진정하였는데, 이런 일이 벌어진 원인은 평소의 알력 때문이라고 한다.
— 〈대한매일신보〉 1910년 6월 5일자 "한청인쟁투" 기사 전문.

약 백 년 전 한국 사업장에서 벌어진 이주 노동자의 쟁의가 이랬다. 한국 노동 현장에서, 이주 노동자 대 한국인 노동자가 민족을 갈라 벌인 싸움이었다. 이주 노동이 처음 생겨난 것도, 이주 노동자와 한국인이 벌이는 노동 현장의 민족 분쟁이 일어난 것도 최근 백 년에 생긴 일이다. 그 쟁의의 판, 민족 분쟁의 무대는 다름 아닌 소금밭, 천일염전이다.

천일염전 또한 최근 백 년 사이에 새로 생긴 노동 현장이자, 산업 현장이자, 먹을거리 생산지다. 1900년대 전까지, 한반도 사람들은 구운 소금을 먹어왔다. 굽는 데 드는 연료와 용기容器를 구하기 어려운 곳에서 간혹 바닷물을 그대로 말려 소금을 얻기도 했으나, 이는 극히 드문 경우였다. 1900년대, 그때까지의 조선 소금의 대종은 '자염煮塩' 또는 '화염火塩'이었다. 그 일본식 표현이 '전오염煎熬塩'이다.

'구울 자煮' '불 화火' '달일 전煎' '볶을 오熬'. 한자를 통해 드러나지만, 자염(또는 화염, 전오염)이란 한마디로 바닷물을 쇠솥 또는 흙솥에 담아, 불을 때 끓여, 달이고 또 달이다가, 거의 볶듯이 마무리해 얻는 소금이다. 끓인다지만, 불 땐 쇠솥 또는 흙솥 위에서 소금 결정을 석출하는 행위가 핵심인 만큼, 자염(또는 화염, 전오염) 생산 방식을 한마디로 "소금을 굽는다"라고 표현했다. 그러다 1900년대 중반, 염전을 조성하고, 염전에서 햇빛에 물기를 날려 소금 결정을 얻는 소금 제조법 이야기가 새나오기 시작했다. 굽지 않고 얻는 소금인 천일염을 조선 해안에서 생산하자는 논의였다. 이 논의의 발원지는 한국 정부나 한국 염업계가 아니라 산업혁명의 막차를 탄 일본제국이었다.

사람 피의 0.9%쯤이 염화나트륨^{NaCl}, 곧 소금이다. (단, 화학과 의학 등 과학 영역에서, 염화나트륨을 주성분으로 하는 짠맛 나는 흰 결정체인 소금과 화학 물질로서의 염화나트륨^{NaCl}을 엄밀히 구분함은 잊지 말자.) 혈액뿐이 아니다. 소금은 소화액, 임파액 등 사람 몸속 체액의 한 성분이다. 이렇게 사람 몸에 깃들어 있는 소금은 "삼투압 조절을 통해 몸속의 수분량을 조절하고 신체 평형을 일정하게 유지시"키며, "신경 자극의 전달" "정상적인 근육운동" "영양

소의 흡수와 수송"에서 큰 역할을 한다.⁹

사람 몸속 소금이 부족해지면? 인체의 대사가 무너져 죽음에 이른다. 사람뿐이 아니다. 빙하가 시퍼렇게 빛나는 북국北國의 곰이 하구를 거슬러 오르는 연어를 잡아챈 다음 가장 먼저 손대는 부위는 살코기가 아니라 내장이다. 산중의 호랑이도, 숲속의 표범도, 초원의 사자도 대형 포유류를 넘어뜨린 뒤에 다른 무엇보다 내장부터 탐한다. 살기 위해 본능적으로 소금기를 비롯한 필수 영양 물질을 얻기 위해서다. 산양이 거의 수직을 이룬 절벽에 간신히 발굽을 붙이고 바위를 핥을 때, 흡혈박쥐가 네발짐승 또는 사람의 혈관에 이빨을 박아 넣을 때 또한 한번 살아보겠다고, 급해서, 소금기와 필수 영양물질을 찾는 것이다.

사람도 마찬가지다. 사람은 소금을 얻을 수 없는 상황에서 제 오줌에 혀를 대는가 하면, 아예 다른 짐승의 피를 뽑아 마시기도 했다. 여기서 한 갈래의 문학이 발생했다. 흡혈귀 문학의 근원은 피를 봐서라도 소금기를 탐할 수밖에 없는 사람의 생리적 절박함이다. 인류가 관찰하고 기억한, 피를 봐서라도 소금기를 얻고야 마는 동물의 행동이다.

소금은 사람이 자연 상태의 소금 결정을 찾아 모으거나, 큰 힘 들여 석출해 얻는 광물질이다. 소금은 그 자체로 광물성 식품이고, 인류가 만난 첫 조미료이다. 소금은 채소, 생선, 고기와 손

---

9 http://www.foodnara.go.kr/Na_down/res/contents/natrium1.jsp 식품의약품안전처, "나트륨 정보"에서.

을 잡고서는 염장 식품을 낳았다. 염장 식품은 인류의 겨울나기, 먼 거리 여행, 먼 거리 항해, 규모가 큰 교역, 오지 탐험을 가능케 했다. 소금은 농업과 문명이 한층 성숙해감에 따라 발효로도 번었다. 소금은 콩을 만나서는 두장이 됐고, 생선과 만나서는 어장이 됐고, 아예 몸을 바꾸어서는 젓갈이 됐다. 젓갈은 어류나 패류에 소금을 가해 부패를 억제하면서, 외부 미생물의 효소작용으로 재료 자체의 효소와 육질을 분해시켜, 독특한 풍미와 질감을 새로이 더한 발효 식품이다. 목축이 발달한 지역에서 흔히 보이는, 단순한 소금 절임보다 훨씬 세련된 음식인 고기 훈퇴燻腿, 햄/하몽 종류 또한 그 변신의 경로가 젓갈과 비슷하다. 이런 경험과 기술이 보다 세련된 단계에 이르면, 채소의 단맛과 젓갈의 감칠맛에 발딛은 매력적인 산미가 치고 나오는 전혀 새로운 음식인 김치가 태어난다. 이렇듯 소금간과 염장과 발효는 풍미를 증폭시키는 마술, 풍미의 변신이라는 마술을 보여주었다. 이는 인류 감각과 관능에 새로운 지평을 열었다. 인류가 고도화한 언어와 예술 활동 단계로 접어들기 이전에 '감각의 수사^{rhetoric}'를 제시한 마법의 물질이 바로 소금이다.

생명 유지, 섭생 지속, 감각 고도화를 가능케 하는 물질을 '국가'가 놓칠 리 없다. 지배계급의 입장에서는 사람이 사는 데 필수불가결한 물품이야말로 국가 재정의 젖줄이 아닌가. 중국 역사에서는 기원전 7세기에 이미 소금 전매제가 나타났다. 중국의 소금 전매제[10]는 2014년에 와서야 중단되었다. 로마제국 또한 소금을 전매했고, 한때 소금을 화폐로 쓰기도 했다. 관리나 군인에게 소금을 급료로 지급하기도 했다. 그 흔적이 급료, 봉급을 뜻하는 영어 '샐러리salary'에 남아 있다. salary는 소금을 뜻하는 라틴어 '살라리움salarium'에서 왔다.

고려와 조선의 소금 국가 관리는 엎치락뒤치락했다. 국민경제 규모와 대외무역의 위상과 소금 생산 또는 획득의 조건이 제국과 같을 수 없기 때문이다. 고려 충선왕 때 실시한 소금 전매제도인 각염법権塩法은 시간이 지남에 따라 차차 흐려졌고, 조선시대에는 관과 민 모두가 소금의 생산과 유통에 참여하게 된다. 관은 오로지 한 지역에서 붙박이로 살며, 대대로 소금 굽는 일을 물려받는 염호塩戶를 두어 소금을 생산했다. 수군이 관의 소금 생산에 투입되기도 했다. 일종의 대체복무였다. 염호는 일 년에 두 번, 생산한 소금 일체를 국가에 바치고 국가로부터 그 대가를 받아 생활했다. 민간 염전주는 자신이 소유한 노비를 부려 소금을 생산했다. 염전이 거래될 때에는 염전에 딸린 노비도 함께 거래되었다.

교통의 발달과 안정적인 국제 무역의 확립을 계기로 오늘날처럼 소금이 흔해지기 이전, 소금은 경제의 상징이었고, 돈을 대

---

10 관포지교管鮑之交의 주인공이자 춘추 시대 제齊의 재상이었던 관중管仲은 제환공에게 소금과 철의 전매를 제안하고 실행했다. 전매를 통해 획득한 재부 덕분에 제환공이 춘추 시대를 제패한 다섯 강자, 곧 춘추오패春秋五覇에 이르렀다고 설명하는 이도 있다. 한제국의 무제武帝, 기원전 156~87 또한 소금 전매를 이어받았다. 한제국 전역의 경제를 장악하고, 확실한 조세 수입원을 확보하기 위해서였다.

신할 수 있는 물질이었고, 국민경제의 핵심이었다. 정약용은 소금을 주제로 한 독립 논설인 〈염책塩策〉에서 전근대 사회 소금의 위상과 의의를 이렇게 요약했다.

> 묻는다. 소금은 온갖 일에 다 쓰이고 모든 사람이 원하는 것이다. 인민의 식생활에 이바지하고 나라의 재부를 넉넉하게 하는 데 소금보다 중대한 것은 없다.

몇 문단 지나, 정약용은 소금의 쓰임을 아래와 같이 제시했다.

> 대저 소금이라는 것 자체가 인민이 늘 먹어야 하는 것이다. 비록 오곡이 있어도 맨밥을 먹을 수 없으며, 비록 온갖 나물이 있어도 그냥 절일 수 없다. 소금으로 초와 장을 만들고, 육장[醓醢]11을 만들고, 나물을 무치고, 뼈째 담근 육장[臡]을 만들며, 소금으로 국의 간을 맞추고 약성藥性을 맞춘다. 날마다 먹는 것 가운데 한 가지라도 소금을 필요로 하지 않는 먹을거리는 없다.

---

11 장 가운데 동물성 단백질을 재료 또는 부재료로 한 장을 통틀어 육장肉醬 또는 어육장魚肉醬이라고 한다. 장조림이나 게장도 육장의 일종으로 볼 수 있다. 전통 사회에서 장조림이나 게장의 핵심은 고깃살이나 게살이 아니라 장국물이다. 이에 견주어 콩 단백질을 재료로 한 장이 두장豆醬이다.

못 먹으면 죽는다. 전근대 사회의 소금은 다른 무엇보다 필수 영양물질로서 소중했다. 특히 곡물과 채소 중심으로 식생활을 해나가는 사람들의 소화에는 없어서는 안 될 식품이기도 하다. 초근목피草根木皮일망정 소금을 질러 숨을 죽이고 절이면 어떻게든 먹을 수 있는 상태가 된다. 아니, 소금물 한 모금이 죽기 직전의 사람에게는 구급약이 될 수도 있다. 그래서 소금은 흉년이나 전쟁 때문에 발생할 수 있는 기근에 대비해, 대규모 아사 사태까지 염두에 두고 국가가 책임지고 갈무리해야 하는 전략 비축 물자이기도 했다. 이때에도 방점은 역시 영양물질, 먹을거리, 식품, 식품 재료에 찍힌다.

그저 먹을거리요, 어쩌다 방부제였던 소금의 정체가 확 바뀐 계기는 산업혁명이다. 산업혁명을 거치면서 인류는 산업, 대공장, 대생산이라는 전에 없던 딴 세상을 맞았다. 산업혁명은 엄청난 양의 수산화나트륨^{NaOH}과 염소^{Cl} 수요를 불러일으켰다. 뭉뚱그려 말해 수산화나트륨과 염소는 유무기 화학, 섬유, 염료, 펄프 및 제지, 금속 및 철강, 비누 및 세제, 전기전자 분야의 필수 제품이다. 합성섬유와 향료와 의약품을 만들 때, 면사 및 면포를 정련할 때, 유지를 정제할 때, 석유화학제품을 정제할 때, 경수를 연수로 바꿀 때, 산도를 조절할 때 빠지지 않는 두 물질 수산화나트륨과 염소의 원료가 바로 소금이다. 오늘날 세상 소금의 5분의 4는 식용이 아닌 산업용으로 쓰인다. 오늘날 한반도 남쪽 여수에는 일 년에 백만 톤의 소금을 화학제품 원료로 소비하는 단일 공장[12]이 존재한다.

    산업혁명의 막차를 탄 일본, 그 막차를 타고 제국주의 팽창을 시작한 일제에게도 소금의 대량 획득은 절박한 과제였다. 일본의 전통적인 소금 제법 또한 조선과 마찬가지로 굽는 방식이었다. 이것이 전오염煎熬塩이다. 문제는 굽는 데 드는 연료비와 생산량이다. 인력과 비용이 무지무지 들기도 하거니와 굽는 방식으로는 일본제국의 화학공업 소금 수요를 댈 수 없었다.

    일본제국은 천일염 생산에 목말랐다. 그 기회를 제공해준 것이 바로 조선을 제물 삼아 청과 맞붙은 청일전쟁이었다. 전승의 결과로 1895년 대만을 할양받은 일제는 대만총독부를 세운 뒤 대만의 천일염전 조성 기술과 천일염 제법을 흡수했다. 1905년 한국에 통감부를 설치해 한국 행정을 장악한 뒤에는 한국 해안에 대단위 천일염전을 조성할 계획을 구체화했다. 한국 경기만 이북 서해안 곳곳이 천일염 생산의 최적지다. 예컨대 평안남도 광량만은 만 어귀의 너비가 0.5km에 지나지 않지만 해안선의 길이는 39.3km나 된다. 간석지가 평평하고도 넓게 펼쳐져 있고, 연평균 강수량은 평안남도 평균 강수량보다 적은 700mm이다. 연평균 풍속은 4m/s로 증발량이 강수량의 거의 두 배나 된다. 이뿐만이 아니다. 한반도와 일본열도는 좀 가까운가. 자연과 자원을 쪽쪽 빨아먹기에 이만한 조건도 없었다.

    감을 잡은 일제는 천일염전 조성 사업을 착착 진행했다. 1907

---

12 http://hcc.hanwha.co.kr/index_kor.jsp

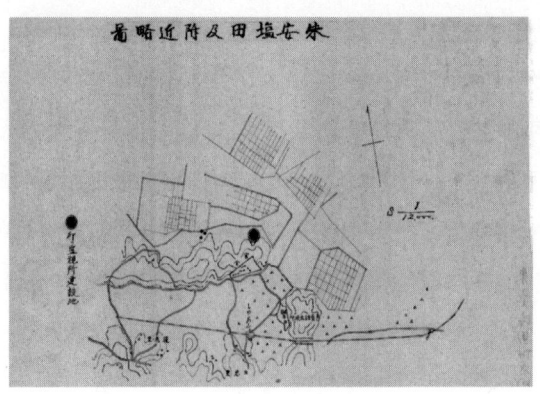

주안 염전 부근 약도. 1910년대 도면으로 추정. 국가기록원 소장.

년이 되자 인천 주안에 천일제염 시험장이 들어섰다. 한국 역사상 처음으로 천일제염이 본격화된 순간이다. 이후 일제는 1909년부터 1914년을 제1기로 하여 주안에 99정보, 광량만에 934정보나 되는 천일염전을 조성했다.[13] 짐작이 되시는가? 1정보는 곧 3천 평이다. 일제의 천일염전 조성은 1944년까지 제4기에 걸쳐 꾸준히 이어졌다.

이 어마어마한 새 소금밭은 한국을 위한 시설이 아니라 일본 제국 산업을 위한 시설이며, 당시 한국인에게는 낯선 시설이었다. 여기서 나온다는 천일염이라는 것도 낯선 생산물이었다. 오로지 자염을 만들고 먹어오기만 한 한국인에게 천일염은 받아들이기 어려운 물건이었다. 그때 주안이고 광량만이고 천일염전

13 국가기록원 집계.

에서 일하려는 한국인을 구하기는 쉽지 않았다. 염전에서 하는 노동이란, 한국인의 뇌리에는 일평생 한 지역에 붙박이로 살며 소금을 구워야 하는 염호의 일, 또는 사염전에 딸린 노비의 일, 또는 군역 때문에 어쩔 수 없이 염막에 들어가야 하는 수군의 일이었다. 일하려는 사람이 없으니 오늘날과 똑같다. 명목상의 소유자이자 경영자인 한국 탁지부는 산동에서 노동자를 수입했다. 인천과 광량만 일대 천일염전 공사, 천일염 생산에는 1920년대까지 중국 산동 출신 노동자가 대거 투입됐다.

한국 땅에서, 대만의 기술과, 대륙의 노동력이 동원되어, 일본만 좋은 일이 시작됐다. 조선통감부의 하급 부서나 다름없는 한국 탁지부, 천일염 경험이 전무한 한국 탁지부에 천일염전을 경영할 능력이 있을 리 없다. 역사상 처음으로 대규모 외국인 노동자를 맞은 한국 탁지부가 상황에 맞는 노무 관리 능력을 발휘했을 리 없다. 원망은 한국 탁지부가 받고, 몸싸움과 투석전은 한청 노동자 사이에서 일어나고, 일제는 한발 물러선 채 천일염 생산이 본격화하기를 기다리는 형국이 됐다. 가령 이런 것이다.

> 근래 관내 삼화부三和府 광량만에서 개시되는 염전 공사에 1,500명의 청국인 노동자를 부릴 모양인데 그들에 대한 임금이 매우 저렴하다. 그러므로 이후 그 공사에 부리는 노동자에 관해서는 크게 주의를 요해야 할 것으로 여긴다.
> ─1909년 5월 17일 일본 진남포이사관이 통감부에 제출한 정보 보고에서. 국사편찬위원회 자료.

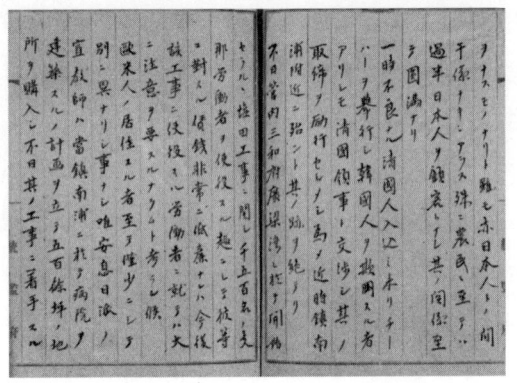
1909년 5월 17일 일본 진남포이사관이 통감부에 제출한 정보 보고.

보고의 내용은 한마디로 '저임금으로 부려먹다가 큰일날 수 있다'이다. 그러나 사용자는 어디까지나 한국 탁지부이고 천일염전 사업 현장의 말단에는 오로지 한국인이 있을 뿐이다. 과연 한국 탁지부는 이주 노동자들에게 적정 수준의 임금을 제대로 주지 못했다.

1910년 4월에 들어서면서 현장이 한층 부글부글 끓더니 결국 이주 노동자들이 폭발했다. 1910년 4월 광량만 염전의 청국 노동자 400여 명이 임금 인상을 요구하며 파업에 돌입했다. 시간이 지남에 따라 파업에 참여하는 노동자의 수가 800~900명 선으로 늘어났다. 이들은 임금을 일급으로 지급해달라고 요구했으나 한국 탁지부는 이를 거절했다. 이 사태에 관련한 기록이 풍부하게 남아 있지는 않다. 다만 주모자 19인이 해고됐다는 당시 신문 보도만큼은 분명하다. 이 분규와 쟁의의 앞뒤로 산둥에

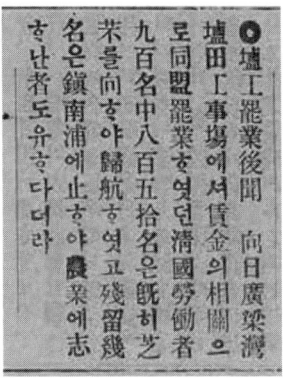

〈대한매일신보〉 1910년 5월 17일자.

서 온 노동자 850명[14]이 일을 집어치우고 고향으로 돌아간 소식만큼은 남아 있다.

> 저번 광량만 염전 공사장에서 임금 때문에 동맹파업했던 청국 노동자 900명 가운데 850명은 이미 지부芝罘를 향해 귀항帰航했고, 몇 명이 남아 진남포에 머무르는데 농사를 지으려는 사람도 있다고 한다.
> ―〈대한매일신보〉 1910년 5월 17일자에서.

분규와 쟁의 끝에 수백 명의 이주 노동자가 일시에 사업장에서 빠져나갔으나, 일이 그렇게 되도록 사용자는 별다른 대응을

---

14 〈황성신문〉 1910년 5월 17일자는 귀항 예정 노동자 수를 854명으로 보도했다.

하지 않거나 못했다. 그저 주모자 해고만큼은 아주 확실히 해냈다. 노동자끼리 민족으로 편을 갈라 투석전까지 벌일 정도의 갈등만큼은 분명히 겪었다. 백 년 전 염판의 분규가, 쟁의가 이랬다.

한 문단 더 넘어가기 전에 낯선 지명 '지부(즈푸)'에 대해 설명해야겠다. 지부는 오늘날의 중화인민공화국 산둥성 엔타이시의 옛 이름이다. 한자 정체로는 '연대烟台'로 쓴다. 간체로는 '烟台'로 쓴다. 여러분이 좋아하는 술병에 박힌 '烟台'가 바로 그때, 그 이주 노동자들의 출항지이자 귀항지이다.

1907년에서 1944년까지 일제가 한반도에 조성한 천일염전의 면적은 대략 6,090정보[15]에 이른다. 주안과 광량만 외에 평안남도 덕동, 경기도 남촌, 경기도 군자, 평안남도 귀성, 평안북도 남시, 경기도 소래, 황해도 연백에 차례로 천일염전이 조성됐다. 해방 전까지, 대단위 천일염전은 경기만 이북 서해안에 집중되었다. 1910년대 이후 한반도 소금의 대종은 단연 천일염으로 바뀌었다. 어렵게 연료를 구할 필요 없는, 연료비가 들지 않는 천일염이 한반도에서 본격적으로 생산되기 시작하자 자염은 점차 잊혀졌다. 1960년대에 자염을 구웠다는 구술이 지역 민속지에 간혹 남아 있긴 하지만 일상에서는 자염은 자취를 감추었다. 보통 한국인의 기억 속에서도 사라졌다.

"노인장은 세상에서 제일 맛있는 것을 본 적 있소?"

15　국가기록원 집계에 따라 글쓴이가 재집계.

"보았지. 달이 하현下弦이 되어 조수潮水가 빠지고 갯벌이 드러나면 그 땅을 갈아 소금기 머금은 밭을 만들고, 거기서 받은 소금흙을 굽는다네. 알갱이가 굵은 것은 결정이 수정 같은 소금[水晶塩]이 되고, 가는 것은 결정이 싸라기 같은 소금[素金塩]이 되지. 온갖 음식 맛을 내는 데에 소금 없이 되겠는가?"

위 문답은 박지원朴趾源, 1737~1805이 스무 살 때 쓴 〈민옹전閔翁伝〉속의 한 구절이다. 등장인물 간의 대화 속에 1907년 이전 한반도의 전통적인 자염 생산 방법이 생생하게 살아 있다. 바닷물을 무조건 끓여서는 인력도 연료도 시간도 감당할 수 없다. 조수간만의 차이와 갯벌의 상황을 종합적으로 활용해 염도 높은 함수를 받아야 한다. 조수가 가장 낮은 조금을 놓치면 안 된다. 조금은 하현과 겹친다. 바닷물이 들어오지 않는 때를 틈타 논밭 갈듯 소를 몰아 갯벌을 써레질한다. 갯벌이 햇빛을 받고 물이 증발하면서 흙에 소금기가 잔뜩 붙으면 이 흙을 구덩이에 채워 넣는다. 다시 바닷물이 들어오면 염도 높은 흙구덩이를 통과한 바닷물의 농도가 높아진다. 이 함수를 흙솥이나 쇠솥에 붓고 반나절에서 열 시간쯤 끓이면 소금이 석출된다. 이것이 〈민옹전〉의 주인공 민유신 노인의 소금 문답 행간에 담긴 자염 제법의 실제다.

소금을 화제로 한 민유신 노인의 짤막한 진술의 속내를 온전히 이해할 수 있는 독자는 많지 않을 것이다. 소금을 굽는다더니? 웬 달을 쳐다보고, 갯벌에 나가 밭갈이를 하나? 갸우뚱할 것이다. 당연하다. 일상에서 사라졌으니, 실제로 겪을 기회가 없으니.

그 원문은 이렇다. "月之下弦, 潮落步土, 耕而為田, 煮其斥鹵. 粗為水晶, 纖為素金. 百味齊和, 孰為不塩?" 네 자씩 여덟 구, 서른두 글자일 뿐이지만 한 자 한 자가 압축해 담은 의미의 폭이 무척 넓다. 통사가 복잡하기 그지없다. 어휘를 엄격하게 구분하면, 자연 상태의 소금 결정 또는 소금기 머금은 땅은 '로鹵'이다. 그에 견주어 굽거나 밭갈이 등 인공을 가해 생산한 소금이 '염塩'이다. '척로斥鹵'란 경작이 불가능할 정도로 소금기를 머금은 땅을 말한다. 뒤집어 새기면 소금 석출의 여지가 있는 땅 또는 흙이다.〈민옹전〉속 소금 이야기에는〈설문해자說文解字〉〈여씨춘추呂氏春秋〉〈포박자抱朴子〉등에 담겨 전해진 동아시아 소금 획득 또는 생산 경험과 18세기 조선 소금 생산의 실제 양쪽이 다 잘 녹아 있다. 그러나 소금을 둘러싼 수천 년간의 어휘, 통사, 경험이 사라지는 데에는 채 백 년도 걸리지 않았다.

자염이 사라진 자리는 온통 바닷가 천일염전과 천일염이 메꾸었다. 한국인 머릿속 소금의 상상력은 최근 백 년을 거치면서 바닷가 천일염전에서 나오는 천일염 하나로 굳어졌다. 지금 지구에 돌아다니는 소금의 3분의 2는 암염이다. 암염은 지표면에서 얻을 수도 있고, 소금 결정이 광맥을 이룬 지하 염광에서 얻을 수도 있다. 염전이 반드시 해안에만 있는 것도 아니다. 페루 고산 지대에, 중국 내륙 산지에는 짠기 품은 물을 받아 이룬 염전이 존재한다. 세네갈, 에티오피아 사람들은 호수에서도 소금을 얻는다. 바다 말고도 짠기 품은 물이 나는 데가 있다. 짠기 품은 물 있는 어디라도 염전을 만들 수 있다! 있으나, 오늘날 한국인의 머릿속 소금을 둘러싼 상상력은 대개 바닷가 천일염전의 뻔한 영상을 벗어나지 못한다.

1939년 7월 25일 밤에 당시 〈동아일보〉 기자 김용선과 사진기자 문치장이 경성역에서 평양역으로 향했다. 일행 가운데 문치장은 해방 전 〈동아일보〉에서 가장 오랜 기간을 근무한 노장 사진기자다. 이튿날 평양역에서 다시 진남포선으로 갈아탄 두 사람은 어느새 광량만염전에 접어들었다. 며칠 지난 1939년 8월 3일부터 8월 7일까지 닷새에 걸쳐 〈동아일보〉 지면에는 "대자연에 도전 – 광량만염전을 찾아서"라는 연속 기사가 오른다. 그것도 매 차례 바다와 잇닿은 개활지를 드러내 보이는 큼직한 현장 사진을 껴서.

첫 꼭지 "염제炎帝를 환영하는 별천지"로 시작[16]한 연속 기사는 인류가 생식의 시대에서 화식의 시대로 접어들면서 더욱 소금을 탐하게 되었다는 너스레와 함께 광량만염전으로 독자를 안내한다. 그러나 다음 날은 흐리고 소나기 오락가락하는 날이었다. 현장 생산을 보기 어려워진 기자는 소금의 역사, 소금의 종류, 자염 및 천일염 제법을 훑으며 이날 기사를 마무리한다.[17]

다음 날은 기자의 의욕과 감상이 아울러 넘쳤다. 염전에 폭풍우가 몰아치면 온 노동자가 현장 감독의 지휘하에 언제 어디서든 달려와 낙뢰 사고를 무릅쓰고 방수 작업에 임해야 함을 전하는 가운데 슬쩍 끼운 문장이 이런 식이다. "소금 한 조각 한 조

---

16 〈동아일보〉 1939년 8월 3일자.
17 〈동아일보〉 1939년 8월 4일자.

〈동아일보〉 1939년 8월 3일자 관련 사진.

각 속에 이러한 신고가 섞여 있음을 알 자 몇이나 될까…."[18]

감상은 감상이고, 이곳은 엄연한 산업 현장이다. 기자가 산업 현장의 인력 특성과 임금을 다루지 않을 도리는 없다. 기사를 보니 이제 광량만염전에 중국인 노동자는 없다. 1883년 임오군란이 터지고, 조선 정부의 요청에 따라, 이른바 난리의 평정을 위해 3천 명의 병력을 실은 3척의 청국 군함과 보급을 위한 2척의 상선과 여기 딸린 청국 상인 40명이 조선에 들어오면서 본격적인 한국 화교사가 시작됐다. 이때 들어온 상인들은 부유한 상인이었고, '대국인'이었다. 이 계통의 화교는 이후 숙박업소를 겸한 고급 음식점과 대형 상사 영업을 이어갔다. 이들의 인상은 조

18 〈동아일보〉 1939년 8월 5일자.

선 사람들에게 "비단이 장사 왕서방"으로 남았다.

> 비단이 장사 왕서방 명월이한테 반해서
> 비단이 팔아 모은 돈 퉁퉁 털어서 다 줬어
> 띵호와 띵호와 돈이가 없어도 띵호와
> 명월이 하고 살아서 돈이가 무유데沒有的 띵호와
> 워디가 반해서 하하하 비단이 팔아서 띵호와
> ―〈왕서방 연서〉 노래말 제1절. 박시춘 작곡, 김진문 작사,
> 김정구 노래, 1934년 오케레코드 발매.

이어서는 노동자들이 들어왔다. 이때 청국 노동자가 큰 동아리를 이루어 머문 사업장이 천일염전이었다. 1910년 〈황성신문〉과 〈대한매일신보〉가 보도한 대로, 이들 가운데 일부는 1887년 이후 본격적으로 들어온 청국 농업 이민들과 결합한다. 이들에 대한 인상은 김동인 소설 〈감자〉에 잘 나타나 있다.

> 가을이 되었다.
> 칠성문 밖 빈민굴의 여인들은 가을이 되면 칠성문 밖에 있는 중국인의 채마 밭에 감자(고구마)며 배추를 도둑질하러, 밤에 바구니를 가지고 간다. 복녀도 감잣개나 잘 도둑질하여 왔다.
> 어떤 날 밤, 그는 고구마를 한 바구니 잘 도둑질하여 가지고, 이젠 돌아오려고 일어설 때에, 그의 뒤에 시꺼먼 그림

자가 서서 그를 꽉 붙들었다. 보니, 그것은 그 밭의 주인인 중국인 왕 서방이었었다.
― 김동인, 〈감자〉에서.

〈감자〉의 왕 서방은 비단 장수 왕 서방과는 전혀 다른 화교다. 그는 감자[19], 배추 등 새 품종 채소 전문 상업농이다.

화교 염부는 1930년대 이후 천일염전을 거의 다 떠나갔다. 그 자리를 조선인 노동자가 채웠다. 하지만 김용선 기자가 보도한 대로 광량만, 진남포 주민 가운데 염부를 하겠다는 사람은 없었다. 지역 주민 대신, 조선 각지에서 조선인 이주자들이 염부를 하겠다고 청국 노동자가 떠난 광량만 염전을 찾아왔다. 특히 수재 등 자연재해가 발생한 지역에서 노동자가 몰려왔다. 이제 천일염전은 집도 땅도 없는, 몸 하나 가진 조선인 노동자의 현장이 되었다. 그러나 살겠다고 모인 염전의 임금이 광산보다 적었다. 최하급 말단 염부의 일당이 77전, 최상급 염부장의 일당이 94전이라고 하는데, 이 일당으로는 한 가족의 생활이 어려워 8~9세 되는 아이들도 돈을 벌러 조개잡이에 나섰다고 한다. 마침 인터뷰에 응한 광량만염전의 노동자 부부는 이렇게 말했다.

"우리같이 무식하고 농토가 없는 사람이나 이러한 염부 생

---

19 〈감자〉의 감자는 실은 고구마다. '감자' '고구마' 어휘는 1970년대까지도 한국어 안에서 혼란을 겪고 있었다.

〈동아일보〉 1939년 8월 7일자 관련 사진.

활을 하지요."[20]

참고로 1938년 언론의 임금 동향 보도에 따르면 도시 지역 잡부의 일급이 90전, 목수 일급이 2원, 가구공 일급이 2원, 영세 상점 점원의 일급이 80전 수준이었다. 양식거리의 물가는 1939년 8월 백미 1되가 27전, 보리 1되가 25전, 콩 1되가 23전이었다.[21]

연속 기사의 마무리는 어땠는가. 기자는 마지막 회에서 제흥에 겨워 종작없는 문장을 남발하다 이렇게 끝을 맺었다.

염천하 대자연을 정복한 승리감에서 화색도 만면한 염부들

20 〈동아일보〉 1939년 8월 6일자.
21 〈조선총독부통계연보〉에서. 실제 물가는 이보다 높았을 것이다.

의 모양을 멀리 뒤로 돌아보면서 내키지 않는 걸음으로 기동차에 몸을 실었다.[22]

천일염과 천일염전은 전에 없던 것이었다. 전에 없던 것에 따라, 전에 없던 관찰과 취재와 보도가 따라왔다. 파업, 파공 같은 새 말이 나타났다. 1910년 아직 많이 어린 한국어 언론은 그 현장에 취재 인력을 내보내지는 못했다. 그래도 전에 없던 '전보'라는 도구에 기대 한국사상 첫 이주 노동자 쟁의 소식을 짧게, 띄엄띄엄이나마 한국인에게 알렸다. 이윽고 이 땅에서 태어난 지 30년도 안 된 천일염전과 천일염이 이제까지의 소금 역사를 지워버릴 무렵, 제법 몸과 머리가 굵어진 언론은 연속 기사 또는 르포르타주라는 전에 없던 행위를 꾀하게 된다. 사진까지 껴넣을 생각에 이르렀다.

한 세대 앞의 글쓰기는 그 어법 자체가 아직 거칠고, 한 세대 뒤의 글쓰기는 지나친 감상과 중학교 2학년 학생이 쓸 법한 문장을 동반하고 있다. 가장이 한 가족 건사할 수 없는 수준의 임금에 대한 증언을 들은 기록자가 느닷없이 "대자연을 정복한 승리감" 운운으로 비약하는 식이었다. 이렇게 거칠게나마, 조선어 또는 한국어는 어느새 산업현장, 이주 노동, 분규, 쟁의, 파업, 민족 갈등 들을 품게 되었다. 산업 현장을 또 다른 글쓰기의 현장으로 갖게 되었다. 소금 한 톨이라는 아주 작은 계기가 빌미였다.

---

22 〈동아일보〉 1939년 8월 7일자.

음식이 만든 풍경들

최근 백 년 사이 우리 사는 모습이 그 이전과 완전히 달라졌다. 이 달라진 모습과 달라진 시대를 거칠게 요약해 '현대^{現代, Modern}'라고 한다. 역사학에서는 16세기에 시작해, 17~18세기에 크게 성장했으며, 19세기에 절정에 다다랐다가, 오늘날에 들어와 위기를 맞은 일련의 역사적 흐름을 현대라 이른다. 자본주의와 민주주의는 이 흐름을 이해하고 설명할 때 핵심적인 열쇠말이다.

철학에서는 이성·합리성·과학성 등에 기대 현대에 파고든다. 또한 거친 요약이지만, 철학자들은 봉건제의 절대적인 권위를 깬 새로운 시대정신을 염두에 두고 현대의 특성과 속성, 곧 현대성^{現代性, Modernity}을 탐구한다.

사회학은 고대 및 중세와 다른 새로운 사회조직과 일상생활을 현대로 파악한다. 주술의 세계에서 벗어나 합리적인 판단과 기준에 따라 공동체의 규율이 마련되고, 사회의 여러 요소가 유기적으로 구성된다는 점을 현대의 가장 중요한 특징으로 설명한다.

현대를 대표하는 일터, 생산지는 도시에 자리잡은 공장과 사무실이다. 한 공동체가 쥔 농토의 규모나 농어민 인구와 상관없이 현대를 대표하는 산업과 경제는 공장과 사무실을 근거지 삼아 돌아간다. 그 배경은 도시이다. 공장과 사무실은 대중을 집중적으로 고용한다. 사람들은 도시로 몰려들고, 도시에서 엄청난 수량의 물건이 쏟아진다. 그리고 거대한 운송 수단과 운송망이 엄청나게 쏟아진 물건을 다시 전 지구의 대중에게 뿌린다. 이런 체계와 일상을 당연한 것으로 만들고, 거기에 정당성을 부여하는 장치가 곧 대중이 공유하는 구체적인 민족어, 그리고 민족어에 바탕한 대중매체이다.

이 점을 염두에 두어야만 음식문헌의 세계가 비로소 새로이 열린다. 대중매체가 여러 형태로 새로이 만든 무수한 음식 이야기를 제대로 만날 수 있다.

시대가 바뀌었다. 그리고 일상이 바뀌었다 그래서 새 말이 따라왔다. 이 논의를 새 시대의 조선어 문장가 이태준은 다음과 같이 명쾌하게 정리했다.

> 만일 춘향이라도 그가 현대의 여성이라면 그도 머리를 퍼머넨트로 지질 것이요 코티를 바르고 파라솔을 받고 쵸콜렛, 아이스크림 같은 것을 먹을 것이다. "흑운黑雲같은 검은

머리, 반달 같은 와룡소臥龍梳로 솰솰 빗겨 전반같이 넓게 땋아…"나 "초록갑사 곁막이" "초록우단 수운혜繡雲鞋" 이런 말들로는 도저히 형용할 수 없을 것이다.

새 말을 만들고, 새 말을 쓰는 것은 유행이 아니라 유행 이상 엄숙하게, 생활에 필요하니까 나타나는 사실임을 이해해야 할 것이다. 커피 먹는 생활부터가 생기고, 퍼머넨트식으로 머리를 지지는 생활부터가 생기니까 거기에 적응한 말 즉 커피, 퍼머넨트가 생기는 것이다.

— 이태준, 〈문장강화文章講話〉, 문장사, 1940에서.[23]

유행 이상 엄숙하게, 생활에 필요해서, 〈독립신문〉〈황성신문〉〈대한매일신보〉 등의 매체가 나라가 망하기 전에 있었다. 이들 매체는 궁중과 조정朝廷을 넘어 글 읽을 줄 아는 대중을 상대하려 했고 한문만으로는 새 시대와 새 말을 감당할 수 없어 전에 없던 국한문체를 썼다. 이들에 앞서 1883년에 창간된 〈한성순보漢城旬報〉[24]는 순한문 신문으로 출발했지만, 그런 가운데서도 세계

---

[23] 이태준은 〈중앙〉에 1934년 6월호부터 1935년 1월호까지 모두 8회에 걸쳐 〈글 짓는 법〉을 연재했고, 〈문장〉에 1939년 2월호부터 같은 해 10월호까지 모두 10회에 걸쳐 〈문장강화〉를 연재했다. 이태준은 이 두 잡지 연재를 바탕으로 논의를 다듬고 확충해 1940년 단행본 〈문장강화〉를 펴냈다.

[24] 〈한성순보〉는 1883년 창간된 한국 역사상 첫 근대 신문이다. 통리아문 박문국에서 펴냈으며 언어는 순한문을 썼다. 1886년 순간에서 주간으로 개편해 〈한성주보漢城周報〉가 되었으나 1888년 폐간되었다. 진보적인 색채가 강했으며 조선 사람들에게 동아시아를 넘은 세계의 지리, 경제, 정치, 제도, 외교, 문물을 소개하기 위해 많은 노력을 기울였다.

의 지리와 산업과 무역과 관세 문제를 다루느라 전에 없던 한문을 써야 했다. 한문 표현 속에서도 오대양 육대주를 오가는 무역품인 커피, 코코아, 차, 맥주, 와인, 위스키, 브랜디, 샴페인과 같은 먹을거리와 백분율로 표시되는 관세율을 담지 않을 수 없었다. 〈한성순보〉를 만들던 사람들은 훈민정음을 얼마든지 바로 가져왔다. 이들은 cider는 '새따아', beer는 '쎄리', cocoa는 '고고아', vermouth는 '월뭇' 하는 식으로 훈민정음을 바로 썼다. 또는 훈민정음을 쓰지 않을 수 없는 순간을 자주 맛보았다.

1910년을 지나서는 이들 매체가 쓰는 정도의 말로도 모자랐다. 1917년 이광수 〈무정〉의 〈매일신보〉 연재, 1919년 삼일운동을 둘러싼 무수한 문서, 1920년 〈조선일보〉와 〈동아일보〉 창간, 1920년 6월 25일 사회와 정치와 문학을 아우른 종합 교양지 〈개벽〉의 창간이 그린 궤적은 한국어문학사 연표 이상의 의의를 담고 있다.

만일 춘향이라도 그가 현대의 여성이라면 그도 머리를 퍼머넨트로 지질 것이요 코티를 바르고 파라솔을 받고 쵸콜렛, 아이스크림 같은 것을 먹을 것이다. "흑운같은 검은 머리,반달 같은 와룡소로 솰솰 빗겨 전반같이 넓게 땋아…"나 "초록갑사 곁막이" "초록우단 수운혜" 이런 말들로는 도저히 형용할 수 없을 것이다.

이태준 시대의 커피, 초콜릿, 아이스크림은 구체적인 제도와 문물을 타고 조선에 왔다. 1876년 조선은 일본과 조일수호조규를 맺는다. 이에 중국에 사대하고 이웃과 교린을 하던 시대에서 보편적인 국제법으로 외교를 하는 시대가 왔다. 중세의 해금海禁은 이제 하릴없는 노릇이 되어 항구가 열리고 조선은 국제적인 무역의 질서에 빨려 들어갔다. 천하의 종주국 청이 아편전쟁을 어찌하지 못해 영국에게 무릎을 꿇고 1862년 남경조약으로 개항한 지 14년 만의 일이다.

일본에 이어 미국, 영국, 독일, 러시아, 이탈리아, 프랑스, 오스트리아-헝가리제국, 벨기에, 덴마크가 차례로 조선 또는 대한제국과 외교 관계를 수립한다. 새로운 음식, 먹을거리는 무엇보다 국제법과 무역을 통해 왔다. 개항 이후 조약의 부속 문서에는 스파게티, 마카로니, 맥주, 레모네이드, 진저에일, 디저트 과자가 속속 등장한다.

〈한성순보〉 1886년 2월 22일자는 영국의 소비세 및 개별소비세를 논하면서 코코아와 커피를 거론했다. 이 기획은 영국 찰스 1세의 맥주, 사이다[25], 담배, 기타 주류, 설탕 소비세에서 출발해 18세기 영국 소비세 현황을 지나 1844년 현황에 이른다. 외국과 무역을 하려면 기호품 또는 사치품에 걸린 개별소비세에 관한 현황 보고가 반드시 필요하다. 코코아와 커피는 조선인 관리가 힘들게 수행한 입법 조사 업무에도 깃들어 있다. 한편 1888년에 조선에 와 살다 1921년 조선에서 숨을 거두고 조선에 묻힌 릴리어스 호턴 언더우드의 회상[26]에 따르면 19세기 말무렵

---

25 여기서는 사과를 원료로 한 저도주.
26 1904년 호턴은 자신의 조선 생활을 엮어 〈Fifteen years among the top-knots〉를 출간했다. 그 한국어판으로 〈상투의 나라〉 〈언더우드 부인의 조선견문록〉 두 종이 서로

조선의 부자들 사이에 커피가 막 번지고 있었다.

새 문물로 호텔을 빼놓을 수 없다. 호텔은 전문 음식점과 다방이 있는 곳이다. 서울 최초의 호텔인 손탁호텔은 서양식 다방도 갖추고 있었으며, 사진 자료를 통해 확인된 바 조선인도 고용하고 있었다. 손탁호텔은 1902년 이후 본격적으로 일반 호텔 영업을 시작한 듯하다. 이전에는 알음알이가 있는 구미 외교관, 조선의 최고위층만 상대해 폐쇄적으로 영업했다. 한국사상 최초의 호텔은 1880년대에 일본인 호리 리키타로^{堀力太郎}가 제물포에 세운 대불호텔^{大佛, 다이부쓰호텔}이다. 비록 주인이 일본인이었지만 양식 식단도 확인이 된다. 당연히 커피도 제공했을 것이다.

대량 수송을 대표하는 구체적인 문물로 철도를 빼놓을 수 없다. 철도는 전에 없던 음식의 배경이요, 무대다. 〈황성신문〉 1909년 11월 3일자는 "다좌개설^{茶座開設}: 남대문정거장[27]에는 10일부터 끽다점을 개설하였다더라" 하는 단신을 실었다. 이 단신은 다방 개설 기록으로는 가장 이른 시기의 기록에 속한다. 한편 〈매일신보〉 1913년 8월 7일자는 7월 중 남대문역 이용자 현황을 보도하면서 남대문역 끽다점 이용자 수가 월 743명에 달한다는 소식을 전하기도 했다.

끽다점은 다방, 카페를 뜻하는 일본어 낱말 '기사텐^{喫茶店}'의 한자를 그대로 가져온 것이다. 끽다점 혹은 다방이라 불리던 공

다른 번역자에 의해 번역되어 나왔다.
27　경성역의 전신.

간은 구미식 커피와 차 그리고 음료를 팔던 곳으로 유럽 카페의 일본판이었다. 그렇다면 식민지 시기에 카페라고 불리던 곳은 어떤 곳인가. 당시 카페는 술집이었다. 그것도 '여급' '카페걸' '웨이트레스' 등으로 불린 여성 접대부가 남성 손님을 상대하던 곳이었다. 채만식 소설 〈인형의 집을 나와서〉[28]에 따르면 카페는 "남자들의 환락경"이었다. 웨이트레스에게 따로 월급은 없었다. 짓뿌, 곧 팁을 손님으로부터 받는데 "잘하면 하룻밤에도 몇십 원씩 생"긴단다. 일제 강점기의 카페는 "인물 좋고 서비스가 좋아서 인기만 있으면 하룻밤에 평균 십 원"은 버는 여성 접대부가 있는, 그런 데 돈을 쓰러 다니는 남성 손님이 몰리는 새로운 유흥업소였다.

> 오후 두 시, 일을 가지지 못한 사람들이 그곳 동의자에 앉아 차를 마시고, 담배를 태우고, 이야기를 하고, 또 레코드를 들었다. 그들은 거의 다 젊은이들이었고 그리고 그 젊은이들은 그 젊음에도 불구하고 이미 자기네들은 인생에 피로한 것같이 느꼈다.
> ―박태원, 〈소설가 구보씨의 일일〉에서.

1934년 〈조선중앙일보〉에 연재된 박태원의 소설 〈소설가 구보씨의 일일〉이 잘 묘사한 것처럼 당시의 다방이란 문화 공간

---

28 1933년 〈조선일보〉에 약 140회 연재되었다.

혹은 무기력한 인텔리의 집합소이자 모던보이의 아지트였다.[29] 구보씨는 아침에 집을 나와 종일 세 차례 별일도 없이 다방에 들른다. 집 나와 거리를 걷다가도 다방이요, 집에 들어가기 전에도 다방이다.

인텔리, 모던보이를 받아주는 다방은 기생이나 매소부와 구분되는 서비스 인력인 '마담'이 근무하는 직장으로 일간지에 소개되기도 했다. 〈조선중앙일보〉 1936년 4월 2일자는 끽다점 마담 장봉순 씨를 인터뷰해, 오로지 장봉순의 말로 극화시킨 기사를 만들어 실었다. 새 공간의 새 말과 표현이다. 기자가 제시한 바로는, 끽다점은 "레코드를 들으며 탈 벗은 인간"을 보는 장소이다. 장 마담은 찻집과 바^{bar}를 구분하지 못하는 손님이 "딱 질색"이다. 직장의 심경에 대해서는 이렇게 대답했다.

"직장의 심경요? 글쎄요 뭐라고 할까요. 이렇다고 말할 수 없이 복잡한 것이 돼서…"

옛 춘향의 입에서 나올 어휘도 아니고 통사도 아니고 수사도 아니다. 물음표와 말줄임표가 전하는 말맛도 전과는 다르다. 그러면서도 오늘날의 대중문화 갈래의 가장 통속적인 순간과 겹치는 말맛도 감돈다. 명랑과 매력과 호감 같은 말이 유유히 흘러간다.

---

29 장유정, 〈다방과 카페, 모던보이의 아지트〉, 살림, 2008.

〈조선중앙일보〉 1936년 4월 2일자.

"찻집 마담으로서의 이상 조건이 뭐냐고요? 첫째, 아름다워야겠지요. 또 명랑하고 동작이 빠르고 또 매력이 있고… 아이 부끄러워요.
그저 인성이 좋고 결국 말하자면 손님들에게 호감을 주어야 된다는 것이겠지요 뭐."

아무튼 이 인터뷰의 공간은 끽다점, 찻집이다. 극화된 인터뷰는 손님에게 초콜릿을 준비하던 마담의 마지막 한마디로 마무리된다. "우유 넣어드려요?"

이헌구는 "다방 취미, 다방 풍류란 일종 현대인의 향락적 사교 장소라는 대 공통 존재 이유가 있은 것이니 가령 한 친우(또는 2~3인)와 더불어 시간의 제약을 받지 아니하고 문학, 예술, 세상의 기이한 사실, 더 나아가 인생을 이야기하기 위해" 필요한 공간이라고 했다.[30]

다방은 전에 없던 음료인 커피와 홍차와 코코아 한 잔에 병 없는 신음이 터져 나오는 공간이었다.

하나의 보헤미안은 이런 환상을 품어본다.
그러나 권태와 피로에 지친 몸은 오늘도 어느 다방의 한구석에서 커피를 마시고 있다.
커피! 인생! 도회! 봄! 이 무슨 업원業寃인가?
―이헌구, "보헤미안의 애수의 항구, 일다방一茶房 보헤미안의 수기"에서.

일하는 장 마담과는 또 다른 '문화 건달'의 통속적인 영탄이다. 겨우 50년 전쯤 조선에 들어왔을까 말까 한 서양 음료에 붙은 영탄이다.

그렇다고 커피, 초콜릿 등이 소설가, 마담, 문화 건달의 전유물만은 아니었다. 대중매체가 그렇다고 하면 당연한 것이다. 일간지에 올랐다면 나도 누려야 한다. 〈중외일보〉 1928년 11월 12

---

30 이헌구, "보헤미안의 애수의 항구, 일다방一茶房 보헤미안의 수기", 〈삼천리〉, 1938년 제5호.

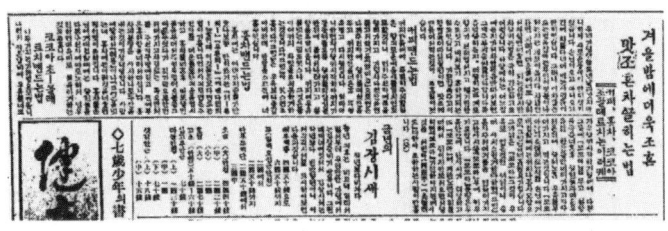

〈중외일보〉 1928년 11월 12일자.

일자는 따듯한 차 한 잔이 간절한 계절에 맞춰 새로운 생활 양식을 넌지시 정당화한 담론을 펼쳐 보인다. 겨울밤에 더욱 좋은 커피, 홍차, 코코아, 초콜릿을 끓여드시라는 꼭지의 첫 문장은 이렇다. "우리 가정생활도 옛날과 같지 아니하여 새로운 풍속이 많이 생기고 있습니다." 코코아와 스페인 초콜릿을 소개한 마지막 문단 옆에 붙은 "금년의 김장 시세"가 도리어 이채롭다. "커피, 홍차, 코코아, 초콜릿"만이 새로운 생활 양식의 한 요소일까? "겨울밤에 더욱 좋은"이라는 계절감을 하필 대중매체가 대중에게 전파하는 이 모습이야말로 새로운 생활 양식의 급소가 아닐까.

광고는 더하다. 조선어로 만든 양산 초콜릿 광고 가운데 가장 이른 시기의 것으로 추정되는 〈동아일보〉 1925년 4월 5일자 속 모리나가 밀크 초콜릿 광고의 메인 카피는 "적극적으로" 딱 한마디다. 앞도 뒤도 자른 외마디지만 미술 형상과 함께, 또한 뒤따른 바디 카피와 함께 분명 문장으로 완성되어 있다.

〈동아일보〉 1929년 2월 22일자 속 같은 상품 광고 또한 초콜릿과 여성 형상과 건강미를 꿰미로 한 표현과 수사를 내보이고

〈동아일보〉 1925년 4월 5일자.   〈동아일보〉 1929년 2월 22일자.

있다.

미는 건강에 있다
개척하라!
초콜릿의 영양가에 의하여
귀체의 감초인 건강미를!

 초콜릿은 그저 초콜릿이 아니다. 대중이 선망하는 이국적인 음식이고, 대중매체에 광고비를 주는 상품이며, 퍼머넨트로 머리를 지지고 커피와 초콜릿을 먹는 춘향이라는 여성상을 낳는 아주 복잡한 초콜릿이다.
 광고 아닌 광고로 교양 상식이 따라오기도 했다. "요즘은 어떤 시골에서든지 초콜릿을 모르는 곳이 드뭅니다"[31]라고 해버리는 말투는 서민대중 시청자 앞에 철갑상어알, 송로버섯 따위를 아무렇지 않게 가지고 나오는 오늘날의 '먹방'을 떠오르게 하는 말투다.

커피와 코코아는 저명한 교사가 쓴 책을 통해서도 공인을 받는다. 요리 연구가 방신영은 일평생 여학교에서 가사를 가르치며 음식을 학제 안에 세운 인물이기도 하다. 또한 해방 전까지 권위와 인기가 대단했던 최초의 근대식 요리서 〈조선요리제법〉을 쓴 인물이기도 하다. 그의 〈조선요리제법〉은 여러 판본이 있는데, 1934년 한성도서주식회사에서 나온 〈일일활용조선요리제법〉에 '커피차'와 '코코차'가 수록됨으로써 커피와 코코아는 전문가가 공인한 여성 교양의 영역에 속하게 되었다.

커피는 또한 주방 용구와 손잡고 주부를 유혹했다. 식민지 조선의 일간지가 "있으면 요건 한 그릇 사두고 싶지요"라는 제목 아래[32] 소개한 물건이 커피 메이커, 마요네즈 제조기, 계란 반숙기, 칼갈이에서 생선 비늘 훑기까지 가능한 다용도기, 감자 다지개, 계란 노른자 분리기 등 여섯 가지 물건이다. 여기서 제법 기계 모양을 갖춘 것이 커피 메이커이다. 이 여섯 가지를 소개하는 꼭지의 첫 문단이 이렇다.

---

31 〈동아일보〉 1931년 6월 19일자.
32 〈조선일보〉 1936년 9월 12일자.

이 세상은 기계 시대입니다. 무엇에나 기계가 생겨 간단하고 편리하게 됩니다. (…) 그러나 아직도 구식 가정에서는 어떤 기계가 생겨 얼마만큼 사용되는지를 모르는 분들도 많지 않습니까. 그래서 어디 현대인의 가정이라고 말할 수 있습니까.

기계가 등장하고, 현대가 등장했다. 앞서 본 난삽한 현대론이 결코 될 수 없는, 대중적 흡인력이 넘실대는 현대론이다. 이런 꼭지일수록 가격 안내가 없으면 섭섭할 것이다. 일간지가 주부의 교양을 위해, 현대 가정을 위해 소개한 미국제 커피 메이커의 가격은 4원 30전이다. 싸구려 우동 한 그릇이 5전, 냉면 한 그릇이 15전 하던 때다.

담론은 다종다양이었다. 한 일간지는 정말로 맛있는 커피를 먹고 싶다면 좀 까다로워도 정통적인 법식을 지키라고 충고했다[33]. 이어 "참다운 커피"라는 말이 튀어나오는가 하면 "가루 커피를 드시다니 그게 말이 됩니까?" 하면서 윽박을 지르기도 했다. 음식의 진정성 및 정통성 담론인 셈이다.

대중 잡지는 상당한 면을 할애해 초콜릿의 유래를 설명하고, 일간지는 잊을 만하면 해외의 초콜릿 관련 우스개를 소개했다. 그러면서도 초콜릿을 즐기는 여학생을 비하하는, 여성이 초콜릿을 즐기는 일을 "악취미"로 비아냥대는 목소리도 등장한다. 오

---

33 〈조선일보〉 1936년 10월 3일자.

늘날 된장녀 이야기의 조상인 셈이다.

　아이스크림은 보다 극적인 데가 있다. "여름에는 빙과"라는 계절감은 자연을 거스른 기술이 만들어낸 것이다. 1862년 비전기식 냉장고가 등장한다. 1870년대는 대량 생산한 얼음과 해운업이 본격적으로 손을 잡는다. 기술은 급물살을 타 1880년대에는 얼음의 대량 생산이 전 세계로 퍼졌다. 1890년대에는 조선에도 제빙 및 얼음 저장 업체가 설립되어 얼음을 이용한 수산물 보관과 유통이 시작된다. 1910년대에는 현대식 냉장고가 본격적으로 보급되었고, 빙수를 시작으로 유지방 없는 얼음과자를 지나 아이스크림에 이른다. 게다가 앞서 말한 모든 음식은 일단 달아야 한다. 이는 전통적인 꿀이나 조청의 증산이 아닌 설탕 수입으로 해결이 되었다. 단적인 예로 1885년 이후 1914년까지 설탕 수입은 200배나 급증한다.[34] 이후 식민지 시기의 소고기 요리, 비빔국수 등에도 설탕은 이미 슬며시 껴들기 시작할 정도였으니 빙과류를 포함한 과자류의 설탕 사용은 더 말할 것도 없다.

　과학 기술도 본격적인 설탕 무역도 모두 현대의 산물이다. 1900년대 이후, 식민지 조선의 여름 풍경 속에는 상온보다 한참 낮은 온도로 차게 식힌 "얼음보다 더 찬" 맥주, 얼음 띄운 냉면, 빙과류, 아이스크림 등이 흔히 나타난다. 1920년대 일간지에는 "찌는 듯 삶는 듯 더운 여름날에 타는 가슴을 시원케 하는 아이스크림" 같은 표현이 등장한다. 또한 일간지 가정면, 부인면(오

34　이은희, 〈근대 한국의 제당업과 설탕 소비문화의 변화〉, 2012.

늘날의 여성면)은 집에서 아이스크림을 만들어 먹이는 편이 훨씬 안심이 될 것이라며 계란, 우유, 설탕을 재료로, 소금을 넣은 얼음통에서 아이스크림 만드는 방법을 가르쳤다. 빙수는 빙수대로 '읽는 먹방'을 만들어냈다.

> 오직 한 가지 바닷물보다도 더 푸른빛으로 쓰인 여름, "빙※" 자 깃발이 나부끼고 있는 것이 어떻게 반갑고 고마운 것이냐. (…) 대롱대롱 서늘한 소리 나는 주렴 발을 헤치고 들어설 때 벌써 나는 더위의 물결에서 언덕을 잡은 사람이 된다. (…) 스윽— 스윽— 아이스크림보다도 밀크셰이크보다도 정말 얼음의 얼음 맛을 즐길 수 있기는 가는 얼음을 먹는 데 있다. 스윽— 스윽— 그 얼음 갈리는 소리를 들으라. 새하얀 얼음비가 눈발같이 흩어져 내리는 것을 보라.
> ―"여름 정취 여름 정서", 〈별건곤〉, 1928년 제14호.

시각, 청각, 미각을 한껏 과장해 흡사 글로 만들어진 영상을 보는 듯하다. 대단한 문학 작품이 아니라고 해도, 먹을거리 하나에 온전히 복무해 선연한 장면을 그려내는 집중력은 놀랍기만 하다. 얼음의 질감이 주는 미각상의 쾌감을 밀크셰이크에 비교하는 방식은 오늘날 먹방 또는 문자먹방의 조직 방식에 견주어도 밀리지 않는다. 〈별건곤〉은 다음 호에서도 빙수 이야기를 이어간다. 때는 8월, 또 다른 기자는 빙수 좋기로는 경성에서 어디 하면서, 빙수에 쓰는 얼음의 빙질과 딸기즙의 품질을 논한다. 이때 동원된 수사의 정점은 "그 얄밉게까지 달콤한 맛"이다. 또한 고답적인 문학 갈래에서 그다지 다루지 않은, 별로 보이지 않는 수사다.

몇 해 뒤 여름에도 〈별건곤〉은 다시금 계절을 거스른 찬 음식을 불러냈다. 〈별건곤〉 1931년 제41호의 한 꼭지는 서울의 여름을 음식에 잇대서는 이렇게 요약한다. 빙수집은 얼음 갈아 먹고 살고, 아이스크림집은 아이스크림 통을 저어 먹고 살고, 냉면집은 냉면 눌러 먹고 산다고. 아래 인용 부분은 얼음을 깎고, 크림을 젓고, 메밀면을 눌러 내는 노동의 세목으로 그린 식민지 경성의 한여름이다. 도시의 음식이 만든 새로운 여름 풍경이다.

> 여름철에서 서울과 같은 도회지에서 갈아 먹고 사는 사람은 아마 빙수 가게 하는 사람들일 것이다. 목수의 대패나 빙수 장수의 대패 기계는 비슷하지만은 목수는 대팻밥을 직접 팔아먹지 않고, 빙수쟁이는 대패에 갈려 나오는 얼음을 직접 팔아서 먹고 산다.
> —"갈아 먹고 사는 사람" 부분.

> 빙수 장수를 갈아 먹고 사는 사람이라 할 것 같으면 아이스크림 장수는 저어 먹고 사는 사람들이다. 그들은 언제나 으슥한 곳만 만나면 아이스크림 통을 놓고 그냥 젓기만 한다.
> —"저어 먹고 사는 사람" 부분.

평안도 같은 데는 여름보다 겨울 냉면을 더 맛이 있고 운치 있는 것으로 알지만 서울에서는 여름철에 냉면을 많이 먹는다. 아니 평안도에서도 실제 많이 먹기는 여름이다. (…) 여름철에 눌러 먹고 사는 사람이야 냉면집밖에 또 무엇이 있으랴. 서울에도 지금은 냉면집이 해마다 늘어간다.
―"눌러 먹고 사는 사람" 부분.

이제 어떤 음식도 음식만 홀로 존재하지 않는다. 음식은 사고 파는 상품이고, 대중매체와 대중문화 담론의 영역에서 특별한 풍경을 만드는 재료다. 새로운 말과 수사와 표현의 촉매가 되기도 한다. 음식은 고답적인 문학 갈래 속에서도 여전히 자리를 지키고 있지만, 고답적인 문학과는 또 다른 갈래와 매체를 종횡무진 누비는 데에도 거리낌이 없다.

현대의 충격과 한국 음식 문화 최근 백 년의 충격은 서로 손을 잡고 있다. 우리는 먹는 얘기를 먹는 얘기로만 읽을 수 없다. 먹는 얘기가 새로이 드러낼 현대가 있을 것이다. 현대성 탐색으로 새로이 드러낼 음식의 의의가 있을 것이다. 오늘 우리가 이렇게 먹고 살고, 하필 이렇게 유난스러운 음식 담론에 다다른 내력을 음미하는 가운데, 우리는 인류와 사람과 나를 보다 깊이 이해하는 데 필요한 실마리의 끝이라도 쥘 수 있지 않을까.

떠나고 먹고 감각하다

떡국 단상

세시^{歲時}에 흰떡을 쳐 만들고 썰어 떡국을 끓인다. 추웠다 더웠다 하는 날씨 변덕에도 잘 상하지 않고 오래 견딜 뿐 아니라 그 조촐하고 깨끗한 품이 더욱 좋다.

간서치^{看書痴}, 스스로를 가리켜 '책만 보는 바보'라고 이른 조선 후기 문인 이덕무$^{李德懋, 1741~1793}$가 설에 먹는 흰떡에 부친 말이다. 정확히는 자신의 시 〈첨세병^{添歲餅}〉에 붙인 주석이다. 첨세병이란 '나이 먹게 하는 떡'이란 뜻이다. 지금도 아이들에게 "너 몇 살이니"를 "떡국 몇 그릇 먹었니" 하고 돌려 묻지 않는가. 아무려나 설을 맞아 뽑은 흰떡을 일러 "그 조촐하고 깨끗한 품이 더욱 좋다^{取其淨潔}"라고 한 그 말과 표현이 또한 소담하기 그지없다. 저 원문, 딱 네 글자로 포착한 흰떡의 집중력과 완결성이 읽는 눈에 그냥 와 콱 박힌다.

    오늘날과 같은 떡 뽑는 기계가 없던 때, 사람들은 손으로 비비고 뽑아 떡을 길게 늘였다. 떡메로 마구 친 다음, 그 덩어리가 무르고 부드러울 때 비벼가며 길게 뽑는 식이었다. 이런 손동작으로 만든 문어발 같은 흰 가래떡을 "권모拳模", 곧 '비벼 뽑은 떡'이라고도 했다. 어렵게 떡을 늘여 뽑아 끓이는 떡국의 국물은 어떤가. 다양한 재료를 썼다. 김매순金邁淳, 1776~1840의 〈열양세시기洌陽歲時記〉에는 이렇게 나온다.

> 먼저 장국을 끓이다가 국물이 펄펄 끓을 때 떡을 동전처럼 얇게 썰어 장국에 집어넣는다. 떡이 끈적이지도 않고 부서지지도 않으면 잘 된 것이다. 그런데 돼지고기, 소고기, 꿩고기, 닭고기 등으로 맛을 내기도 한다.

    장국을 기본으로 다양한 육수 재료가 사용되었다. 그리고 여기에 반드시 풍미를 북돋는 향신료를 더했다. 또 다른 기록인 홍석모의 〈동국세시기〉에는 이렇게 나온다.

> 멥쌀가루를 쪄 큰 떡판 위에 놓고 떡메로 수없이 쳐 길게 뽑은 떡을 흰떡[白餠]이라고 한다. 이를 얇게 엽전 두께로 썰어 장국에다 넣고 끓인 다음 쇠고기나 꿩고기를 더하고 번초설蕃椒屑을 쳐 조리한 것을 떡국[餠湯]이라고 한다.

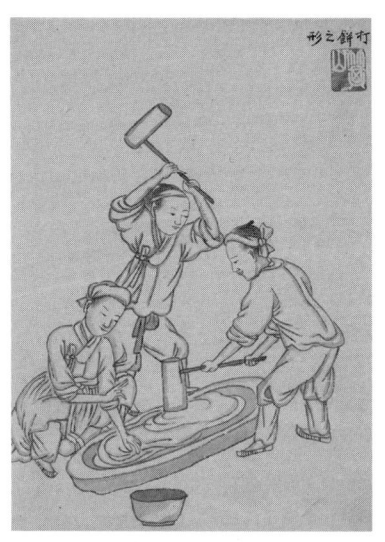
김준근의 그림 〈타병지형〉에서 묘사된 떡치는 모양.
오스트리아 빈민족학박물관 소장.

여기 나오는 번초설이란 후춧가루일 수도 있고, 초피가루일 수도 있고, 또는 산초가루일 수도 있다. 김매순이나 홍석모의 기록에 앞서, 유득공柳得恭, 1748~1807은 〈경도잡지京都雜志〉에 떡국은 꿩고기, 후춧가루[胡椒屑]로 맛을 낸다는 기록을 남긴 바 있다.

음식을 놓고 이렇게 소담한 소리를 하고 싶다. 따지고 다투고 정오표를 만드는 음식 얘기 말고, 강퍅한 구석이라고는 일절 없는 조촐하면서도 깨끗한 음식 풍경을 그리고 싶다. 귀한 자원을 귀하게 매만지고 귀하게 먹어온 이야기를 담담하게 풀어내고 싶다. 그런 가운데 문헌 속에 자고 있는 감각, 방법, 감수성, 태도 등을 살살 깨우고 싶다.

오늘날 우리가 감탄하는 이탈리아 파스타의 다채로움이란 그 시도의 다채로움 아닌가. 우리는 지금 흰떡을, 또 떡국을 어디까지 먹어 보았는가. 어디까지 시도해 보았는가. 얼마만큼 감각하고 표현해 보았는가. 음식문헌 탐구는, 역사 속 음식 흔적 찾기는 이런 질문과 잇닿아야 한다. 잠깬 기록이 오늘의 음식 문화에 상상력을 더하는 밑천이 되어야 한다.

따지고 다투고 굳이 정오표를 쓰는 행위가 반드시 즐겁지만은 않다. 하지만 조촐하고 깨끗한 음식 이야기를 시작하기 위해서라도 반드시 거짓말은 짚어야 한다. 반성하고 청산해야 할 잘못을 짚은 다음에야 제대로된 음식 감수성, 음식 상상력에 다가설 수 있다.

가령 이런 것이다. 문헌에 보이는 다양한 방법과, 재료를 대하는 태도와 감각은 배우지 못하고, 물리적으로 불가능한 '복원'을 운운한다. 온 세계와 함께 피 흘려 해방을 맞고, 피 흘려 공화국을 세웠는데 허턱 '반가'와 '왕실'이라는 말을 음식에 가져다 대고, 그 말 한마디로 음식에 위엄이 깃든다고 착각한다. 거기서 그친다. 아무데나 가져다 붙이는 '천년의 신비' '조상의 지혜' 같은 공허한 수사는 정작 음식에다, 음식의 역사에다 무엇을 어떻게 묻고 대답해야 할지에 대한 갈피를 잃게 하는 아주 나쁜 효과가 있다. 다시 음식문헌으로 돌아가 보자.

흰떡을 깨끗이 만들어 얇게 썰어 고기 장국이 팔팔 끓을 때 떡을 잠깐 넣었다가 얼른 뜬다. 꿩국은 맛있게 끓이고, 고

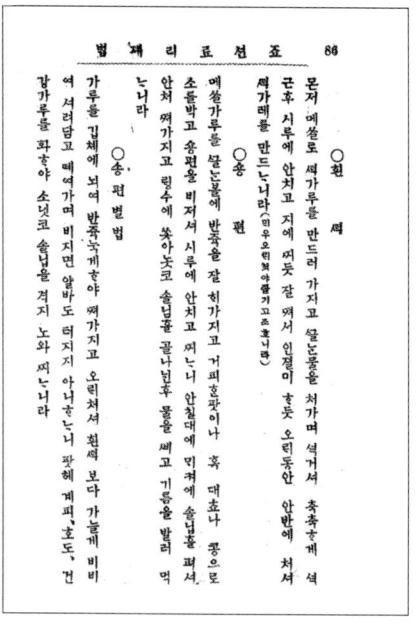

1921년판 방신영의 〈조선요리제법〉 속 흰떡 항목.
국립중앙도서관 소장.

기 볶은 즙을 타 다시 떡을 말고, 위에 약산적을 넉넉하게 얹는다. 후춧가루를 뿌리라. 맛있는 장국을 따끈하게 끓여 곁에 놓고, 그 장국을 부어가며 먹어라. 젓국에 꾸미를 넣어 끓이면 병든 사람 원기를 회복하기에 제일이다.

〈시의전서〉에 있는 떡국 항목을 오늘의 한국어로 풀어 써 보았다. 맛을 내는 방법, 장국의 풍미를 꿩을 써 증폭하는 방법이 이채롭게 다가온다. 저 간소한 불망기에 향신료 사용만큼은 따로 한 줄을 할애했다. 장국을 부어가며, 한 그릇 다 먹을 때까지 따듯한 온기를 유지하는 방식은 상상만 해도 재미있고 흐뭇하다. 장국에 그치지 않고, 젓국으로까지 바탕의 재료를 넓힌 점도 눈에 띈다. 재료와 부재료의 결합, 풍미를 증폭하는 방식, 먹는 방법, 장국과 젓국의 쓰임 등등이 참으로 다양하고 풍부하다. 보고 있으면 아, 떡국에 이런 시도도 해볼 수 있겠구나 하는 상상력이 인다. 정말 우리에게 필요한 것은, 우리가 역사의 흔적에서 일깨울 것은 이를 대하는 내 태도와 내 상상력이다. 옛 책을 쌓아두고 철 지난 양반 놀이를 할 때가 아니다.

그동안 우리는 다만 '옛날에 그랬다'만 되풀이하는 음식문헌 읽기를 할 뿐이었고, 논증 불가능한 영역에서 복원을 한다는 환상에 사로잡혀 살았다. 이제는 좀 달라질 때도 됐다. 기록 속에서 내 상상력을 발휘하고, 그 상상력을 바탕으로 조리의 실제에서 오늘의 자원과 오늘의 기술을 십분 활용해 다양한 시도를 해봄 직하다.

떡국을 끓일 때 흰떡을 어슷하게 썰기도 했고, 원으로도 썰었다. 조랭이도 밀었고 방울이나 도토리 모양으로도 빚었다. 보다 가늘고 긴 가락을 떡국에 쓰기도 했다. 쳐서 떡을 만들지 않고 쌀가루를 바로 뭉친 '생떡'을 쓰는 수도 있었다. 모양에 따라 질감이 다 다르게 마련이다. 모양에 따라 이른바 식감, 치감이 달라진다. 즐거운 다양함이 태어날 여지가 여기 있다.

육수 재료도 그렇다. 18세기 이래 이어진 기록을 읽고 있으면, 다만 국거리, 다만 파우치에 웅크린 사골국물에 그치는 오

〈매일신보〉 1913년 2월 2일자 "음력세모, 정초의 떡국거리".

늘날의 떡국이 오히려 초라하게 느껴진다. 거꾸로 굴, 매생이 등 문헌 밖에 존재하는 다양한 재료가 얼마나 소중한 자원이고 상상력의 밑천인지가 또렷해진다. 생각이 여기에 이르면 우선 익숙한 대로 소고기 하나라도 섬세하게 접근하고픈 마음이 자란다. 양지, 사태, 갈비, 우족, 꼬리 등은 풍미가 다 다르다. 장국과 젓국도 풍미가 전혀 다르다. 다양한 떡에 다양한 국물이 서로 다른 방식으로 손을 잡으면 무수한 조합이 가능하지 않을까. 정말 내가 좋아하고, 정말 나한테 맞는 새 떡국을 끓일 수 있지 않을까. 향신료도 그렇다. 우리는 아직 문헌 속 '번초'의 정체를 잘 모른다. 끝내 모를 수도 있다. 그렇지만 한자 '초椒'가 드러내는 후추, 초피, 산초의 상상력, 반드시 육수에 향신료를 더하게 한 태도는 한 병 사서 제 향 잃도록 내내 먹는 오늘의 후추를 되돌아보게 한다. 오늘 우리에게는 육수의 풍미를 북돋는 어떤 향신료가 있는가. 정말 후추를 잘 써 본 적은 있는가.

여기서 그치지 않는다. 흰떡이 떡국으로 벋듯, 떡국은 떡국상으로 벋을 수 있다. 상다리 휘게 늘어놓고 먹는 동안 제 온도를 잃고, 차림새가 흩어질 수박에 없는 상차림이 삼가는 가운데 한 해를 시작하는 설 끼니로 온당한가. 떡국상의 예도 전해온다. 떡국은 떡국 자체로 집중력 있고 완결성 높은 맛을 해치지 않을 만한 덜 짙은 김치와 함께했다. 서울경기 쪽에서는 떡국에 나박김치를 두고, 역시 집중력 높은 화려한 전을 딱 두어 점 놓고, 상차림의 화룡점정이 될 달콤한 병과류와 음료로 떡국상을 차렸다. 중심 요리를 놓고, 다른 음식의 안배와 균형 잡기를 통해 한 상의 완성도를 높이는 방식이야말로 오늘 우리가 정말 배우고 일깨움 직한 태도이다.

그간 우리는 감각도 태도도 오늘도 잃고 음식의 허튼 수사와 요긴한 데 없는 옛날이야기 속에서 너무 오래 헤맸다. 그래서 지리멸렬했다. 해방 되고 몇 살인가. 이제는 어린애가 아니다. 징징거릴 나이도 아니다. 더 달라져야 한다. 그러자면 허튼 수사 위에 쌓은 음식 문화사의 거짓말과 야멸차게 결별도 해야 한다. 송구영신이랬다. 진짜 송구영신送舊迎新을 대망한다.

소 한 마리

제 생업은 땔감 장사입니다. 이번 매서운 겨울 추위에 땔감을 지고 나르던 튼튼한 소가 갑자기 빙판에 넘어져 다리가 부러지고 말았습니다.

조선 후기의 공문서 서식 모음이자 공문서 작성 참고서인 〈유서필지儒胥必知〉의 한 대목이다. 민원인은 "우러러 호소"했다. 더 이상 일을 할 수 없게 된 소를 잡게 해달라는 것이다. 관아는 다리 부러진 소는 잡되, 가죽은 관아에 바치고 고기는 팔아 송아지를 사라고 처분한다. 바로 뒤로 아픈 사람을 위해 소를 잡게 해달라는 청원서가 예시되어 있다.

의원은 '반드시 우황을 복용하고서야 치료가 가능하다'고

했습니다. 하지만 우금牛禁·주금酒禁·송금松禁의 세 가지 법은 실로 나라에서 금하는 것이라 감히 우황을 쓸 엄두를 내지 못하고 있습니다.

우금은 소 도축 금지령이고, 주금은 금주령, 송금은 벌목 금지령이다. 전통사회에서 소는, 농업용 축력으로서 우선 중요했다. 미식은 도축의 명분이 될 수 없었다. 공식적으로는 관혼상제 및 공인된 행사용 음식, 군대와 병자를 위한 특별식 또는 약용을 명분으로 소를 잡아 유통할 수 있었다. 〈유서필지〉가 대변한 엄격한 우금은 명절을 앞두고는 풀렸다. 사람들은 명절에 자유로이 소고기를 사 먹었다. 그 귀한 고기 한 점, 법의 눈치 보지 않고 먹을 수 있으리란 기대가 명절 분위기의 핵심이었을지 모른다. 당시 명절은 그래도 술과 고기를 먹을 수 있는 날이었다. 으뜸가는 고기는 소고기였지만 안되면 닭이나 개라도 잡아 고기 냄새를 맡으려 들었다. 향촌의 며느리는 개고기 수육이라도 장만해 친정 부모를 찾아갔다.

하지만 금령은 금령일 뿐이다. 양반과 부자는 우금을 우회할 명분을 어떻게든 찾았다. 허튼 제사, 노인의 꾀병을 일일이 쫓아다닐 관원도 아전도 없었다. 김려의 서사시 〈고시위장원경처심씨작〉에는 김제의 백정 일가가 등장한다. 차곡차곡 부를 쌓아 큰아들은 읍내에 가게를 냈고, 막내아들은 푸줏간을 운영한다. 둘째는 양(소의 위)을 다루는 달인이었다. 도축에 따른 공임이 동전 스무 닢, 정형을 해주면 정형하면서 나온 고기에서 한 근을

떼어 받았다. 틈새의 정경을 김려는 이렇게 읊었다.

평소에는 백정을 사람으로 치지 않다가,
급하게 (고기가) 필요하면 은근히 부른다네.[35]

급한 때, 은근한 순간은 하도 잦아서 일상을 이루었을 것이다. 도축으로 모은 돈으로 백정 부자는 막내를 가르쳤다. 이 집 막내딸 방주는 네 살에 산수, 일곱 살에 한글, 아홉 살에 천자문을 배워 깨친다. 열 살이 되자 양반가 여성의 교양인 가사를 읊는 데 이른다. 소고기가 교양 있는 여성을 하나 길렀다고 하면 지나친 과장일까.

다시 고기로 돌아오자. 당시 고기의 대명사는 소고기이다. 백정 일의 중심도 소 도축, 발골, 정형, 유통에 있었다. 그런데 살코기만 뚝 떼서는 장사를 할 수 없었다. 애초에 소를 고기소로 키우지 않았으니 가장 부드러운 부위는 역시 양이라든지 갈비이다. 배합사료의 시대가 아니니 고기의 결은 분명하고 단단하다. 그러니 전통 사회에서는 방주네 둘째 오빠의 예처럼, 양과 같은 내장을 잘 다루는 푸줏간이 인기가 있게 마련이다. 양뿐인가, 그 위로 천엽, 그 아래 창자까지 남김없이 먹어치웠다.

양은 국거리인가 하면, 삶아 무치면 일품요리가 되었다. 천엽은 으뜸가는 전감이었다. 염통, 허파, 간, 콩팥, 등골도 귀중한

---

35 平時忽棄之, 急處招殷勤

식료였다. 꼬리는 깊은 맛을 내는 국물용으로 최고였다. 우족의 젤라틴은 고급 일품요리인 우족편으로 변신한다. 소머리고기뿐 아니라 소의 골수까지 먹어치웠고, 사골과 온갖 부위가 어울린 설렁탕, 선지를 활용한 해장국도 한 마리 다 먹는 음식 상상력을 잘 보여준다.

갈비는 탕과 찜과 구이용으로 가장 인기 있는 부위였고, 등심살은 말하자면 가장 이른 시기의 불고기 부위이다. 조선 후기의 가정경제서인 〈규합총서閨閤叢書〉에는 등심살을 넓고 길게 저며 도톰하게 손질해, 칼로 자근자근 두드려 잔금을 내, 꼬치에 꿰어 기름장에 주물러 굽는 설하멱적이 등장한다. 부드러움을 배가하고, 양념을 잘 배게 하려는 노력이 엿보인다. 소의 창자·선지·소고기로도 순대를 만들었다.

한글로 쓰인 1800년대 말의 조리서인 〈주방문酒方文〉36 속 순대 제법은 이렇다. 소 살코기에 간장, 새우젓국, 후추 쳐 삶는다. 소의 대창을 뒤집어 깨끗이 씻고, 선지가 엉기기 전에 밀가루와 물과 매운 양념을 섞어 대창에 넣어 삶는다. 방법마다, 오로지 붉은 정육만 떼 구이 일변도로 먹는 오늘날에 견주어 훨씬 풍부한 식생활이다. 어렵게 얻은 고기, 남김없이 잘 먹자는 시도 안에, 풍성한 조리의 상상력이 넘실댄다. 소고기, 소고기 음식 관련 문헌에서 정말 확인할 것이 다만 옛날이야기가 아님이 새삼스럽다. 정말 눈에 차는 것은 잠복한 상상력이다. 옛사람들이 고

---

36 하생원댁河生員宅 〈주방문〉, "황육 삶는 법[烹牛肉法]" 항목에서.

기라는 식료에 들인 조리와 미각의 집중력이다. 오늘 발현시킬 만한 미각 감수성이다.

허균,
'먹방의 추억'

식욕과 색욕은 본성이며, 먹는다는 것은 더구나 한 몸이 살아가는 데 관련된다. 선현이 음식을 천하게 볼 때에는 먹기에만 빠져 저 좋은 것만 추구하는 태도를 지적한 것이다. 어찌 음식을 제쳐두고 음식 얘기는 하지도 말라는 뜻이겠는가?[37]

조선의 문인 허균(許筠, 1569~1618)이 〈도문대작(屠門大嚼)〉의 본격적인 시작에 앞서 부친 한 문단이 이렇다. 〈도문대작〉은 조금 과장을 보태면 먹방에 가까운 조선의 음식 이야기다. 먹방 시작에 앞서 체면을 차려 보겠다는 고심이 느껴지기도 하지만, 그러고

---

37 食色性也, 而食尤躯命之関. 先賢以飲食為賎者, 指其饕而徇利也. 何嘗廃食而不談乎.

도 맨 앞 문단은 어려서는 아버지 덕분에, 장가가서는 처가 덕분에 귀하고 맛난 음식을 얼마든지 먹고 살아왔다는 추억으로 채웠다. 조선 시대 교양의 잣대로 보면 방정맞은 글이라고 할 만하다. 하지만 이 글은 글쓴이의 처지가 어렵고도 궁색할 즈음에 태어났다.

허균은 1610년 12월 전라도 함열로 귀양살이를 떠난다. 그해 11월 내내 허균을 괴롭힌 별시의 부정 합격자 문제로 끝내 탄핵과 파직에 이어 유배에 이른 것이다. 이해 조정은 선조의 신위를 종묘에 옮기고 별시를 치렀다. 허균은 그때 이항복, 이덕형, 이정귀 등과 함께 최종 시험을 감독했다. 문제는 최종 합격자가 발표되자 불거졌다. 허균이 조카와 형의 사위를 부정 합격시켰다는 말이 나온 것이다. 그 뒤로 한 달에 걸쳐 허균에 대한 '모욕주기'가 이어졌다. 사관 또한 허균의 억울함을 암시하는 기록을 실록에 남겼으나 허균은 별수가 없었다. 한겨울에 귀양길에 오른 허균은 이듬해인 1611년 1월 15일 함열에 가 닿는다. 그런 중에도 허균은 딴짓을 했다. 유배지에 도착하자마자 먹는 타령이었다. 예컨대 벗 기윤헌에게 유배지 도착을 알리느라 쓴 짧은 편지를 보면, 도착했다는 말 빼고는 이 내용이 전부다. "새우도 부안 것만 못하고, 게도 벽제 것만 못해. 음식을 탐하는 사람으로서 굶어 죽을 판이야."

자신에게 호의를 베푼 함열현감으로부터 연어알젓을 받아 잘만 먹어치우고 나서도 다음날로 바로 먹을거리를 가지고 불평했다. "사람들이 이곳에서 가는 뱅어와 준치가 많이 난다고들

하기에 여기로 유배 오기 바랐습니다. 그런데 금년 봄에는 일절 나지 않으니 또한 제 운수가 사납습니다."

불평 끝에, 허균은 기억 속에서 음식을 불러내고, 상상으로 미각을 되살렸다. 먹어본 사람일 뿐만 아니라, 취향과 기호가 분명하기에, 허균은 먹는 타령을 해도 조리가 있었다. 〈도문대작〉은 마냥 "먹고 싶다" "최고예요!"가 아니다. 재료는 산지별로 정리했고, 만드는 과정의 급소가 드러나며, 일품요리에서 간식과 요즘의 별미 음료와 과자까지 아울렀다. 조리서 빼고, 조선 시대에 음식을 단일 주제로 삼아 본격적으로 다룬 글이 이렇게 태어났다. 글쓴이로서는 괴롭고 궁핍한 즈음의 글이다.

'도문대작'이라는 말은 유비, 손권과 함께 천하를 다툰 조조^{曹操}의 셋째 아들이자 위나라의 대표적인 문인 조식^{曹植}의 문장에서 왔다. 조식은 "푸줏간을 지나며 크게 입 벌려 씹는 시늉을 함은, 비록 고기는 못 먹었어도 바로 이 순간이 귀하고 더구나 유쾌해서다^{過屠門而大嚼, 雖不得肉, 貴且快意}"라고 했다. 조식의 시대에 "고기 맛 좋은 줄 알면 푸줏간 문앞에서 고기 씹는 시늉을 한다^{知肉味美, 則對屠門而大嚼}"라는 유행어도 있었다.

〈도문대작〉과 '도문대작'을 앞에 두니 각박한 처지를 스스로 위로하고픈 허균의 마음이 손에 잡힐 듯 다가온다. 아울러 가정의 달, 5월의 숨가쁜 달력이 새삼스럽다. 어린이날, 어버이날, 스승의날이 이어진다. 초파일에 임시 공휴일까지 끼고, 연휴가 길어질 수도 있다. 미어터질 곳은 음식점일 테다. 내 이웃, 골목길 장삼이사들, 벌써 5월을 바라 맛집 검색에 들어갔으리라. 아름다운 5월 첫 주에 모두들 부디 좋은 음식 들기 바란다. 단, 검색 말고, 텔레비전 먹방과 유명하다는 맛집 사냥꾼 말고, 내 일상과 내 추억에서 우러난 저마다의 도문대작을 펼쳤으면 좋겠다. 고기를 좋아하지도 않으면서 검색에 등 떠밀려 유명하다는 푸줏간 앞에 줄 서지는 않았으면 좋겠다. 하나 마나 한 소리지만 우리 부모자식, 형제자매, 사제, 도반, 동지 사이, 그리고 소중한 휴일을 얼마든지 함께할 친구, 연인 사이는 검색의 결과가 아니다. 뜬세상에 먹방도 쓸 데가 있으리라. 다만 저마다의 추억은 잊지 말자.

심노숭 생각

농부가 매일 먹는 것이라고는 조밥에 나물 반찬에 지나지 않는다. 몹시 힘들여 별식을 만들어 봐야 뭉텅이로 썬 떡에 형편없이 싱거운 술이다. 귀공자가 이 모습을 보고 비웃는다. '이렇게 하찮은 것을 먹으니 어찌 병이 나지 않을까?' 부잣집은 하루 식비로 1천 전錢을 써 기린을 삶아 죽 끓이고, 용을 썰어 젓갈 담근 듯한 천태만상의 기이하고 야릇한 음식을 밥상 앞에 벌려 놓는다. 시골에서 글깨나 읽은 사람이 이 모습을 보고 탄식한다. '저렇게 사치를 부리니 어찌 망하지 않을까?'

조선 문인 심노숭이 쓴 〈제향루집서후題香樓集敍後〉 속 한 구절이다. 아주 정통적이고 고답적인 글쓰기와 보다 가벼운 글쓰기

사이의 엇갈림에 관한 맥락에 놓인 구절이지만 '컵밥'과 '파인다이닝'이 엇갈리는 시대에 굳이 다시 읽게 된다. 아닌 게 아니라 글쓴이는 실로 잘 먹을 수 있는 환경에서, 잘 먹고 산 사람이다. 소고기라면 구이·전골·산적·육포·장조림 등 갖가지로 해 먹어치웠다. 구이용기는 벽장에 따로 보관했다. 돼지고기에 대해서는 라드를 입속에 녹여 먹는 한편 비계를 저며 불에 구워 먹는 섬세한 미각을 발휘했다.

수산물로는 철철이 잉어·청어·전복·복어·도미·게장·어리굴젓을 즐겼다. 쑥국, 미나리강회도 즐겼고 보기 드문 차 애호가였다. 수박·참외·대추·밤·배·감 또한 제철을 놓치는 법 없이 되들이로 먹어치웠다. 성균관대 안대회 교수에 따르면 심노숭의 별명 가운데 하나가 '감에 미친 바보[柿痴]'다. 쉰 살 넘어서도 감 60~70개를 먹어치웠기 때문이다. 미식가답게 김치 취향도 남달랐다. 서울의 음력 2월 미나리소 김치는 꿩고기나 양고기보다 맛나다고 했고, 여기다 청포묵이며 탕평채 곁들일 줄도 알았다. 이 김치는 거위알보다 흰 일등급 분원 사기에 내야 했다.

그가 남긴 식료의 목록, 음식의 이름, 조리 방식, 관능과 미각의 표현은 오늘날의 음식 글쓰기에 견주어 빠지는 데가 없다. 오늘날의 통념의 평균이 모여 있는 위키피디아 영어판에 따르면 '음식 글쓰기food writing'란 넓은 뜻에서든 좁은 뜻에서든, 음식이라는 글감에 집중해서 쓴 글이다. 그리고 거기에는 음식 평론가적인 작업과 음식 역사가의 작업 둘 다가 포함된다. 심노숭이야말로 음식에서 표현에다 품평에다 당대 기록을 겸한 인물 아닌가.

그러므로 더 궁금해진다. 서울 귀공자의 비웃음과 시골에서 글 좀 읽은 시골사람은 어디서 만날지, 만날 수 있을지. 그런데 귀공자는 비웃다 말았다. 시골사람은 탄식하다 말았다. 조밥과 용죽은 서로 등을 대고 서 있을 뿐이다. 모양 없이 덩이지게 썬 떡과 기기묘묘한 음식 사이에 접점도 통로도 없다.

위 인용문은 바로 〈논어論語〉 향당鄕黨편 속 한 구절 "밥은 잘 찧은 쌀로 지은 것을 싫어하지 않았고, 회는 가늘게 썬 것을 싫어하지 않았다"는 공자孔子의 식생활로 이어진다. 귀공자나 시골사람이나 공자의 일상 식생활을 배우면 된다고 했다. 이는 컵밥도 필요해서 나왔고 파인다이닝도 찾는 사람이 있으니 있다는 식의, 원칙론에 원칙론을 포갠 미봉이다. 그래서 섭섭한가, 아쉬운가, 내 속내를 들여다본다.

섭섭하다. 아쉽다. 그런데 그만큼 고맙기도 하다. 오늘날 저마다가 심노숭이다. 제 기호와 취향을 드러내는 연출 방법과 말글의 수사에서 그렇고, 그 드러냄을 통해 음식에 대한 제2, 제3의 욕망과 선망을 만들어가는 데서도 그렇다. 문자를 뛰어넘는 영상 덕분에 심노숭보다 더한 점도 있다. 그러고서는, 기호와 취향을 드러낸 다음은 여전히 공백이다. 모색과 상상력의 미봉이 그의 찬란한 수사 덕분에 더욱 또렷해진다. 아쉬움이 이정표다. 옛글을 펼쳐놓고 미봉한 채로 흐른 200년을 음미한다.

아리고 쓰린
카스테라 담론

1720년 9월 27일 조선 숙종의 사망 소식을 청에 알리기 위해 파견된 연행사의 정사^{正使} 이이명^{李頤命}, 부사 이조^{李肇}, 서장관 박성로^{朴聖輅}, 그리고 정사이자 아버지인 이이명을 따라온 이기지가 북경의 천주교 남당을 방문한다. 포르투갈 신부 수아레스^{Jose Soares, 소림[蘇霖]}, 마갈렌스^{Antoin de Magalhaens, 장안다[張安多]}, 카르도소^{Joao Francisco Cardoso, 맥대성[麦大成]} 그리고 독일 선교사 쾨글러^{Ignatius Kögler, 대진현[戴進賢]}가 이들을 정중히 맞았다. 이기지는 1720년 7월 27일 출발부터 1721년 7월 1일 귀국에 걸친 일지를 기록한 인물이기도 하다. 이기지는 일행이 돌아가고도 홀로 남아 서양인과 수다를 떨었다. 간식도 나왔다. 노란 빛깔이 인상적인 과자, '계란병'으로 기록된 과자였다.

이기지에 따르면 "부드럽고 달콤하며 입에 넣자마자 사르르 풀려 정말 색다른 맛이었다." 만드는 법을 물으니 설탕, 계란, 밀가루를 섞어 만든다는 대답이 돌아왔다. 영락없는 스폰지케이크 또는 카스테라이다. 순간 이기지의 머릿속에 계란병의 기억이 반짝했다. 숙종이 말년에 입맛을 잃자, 어의 이시필이 계란병을 만들어본 것이다. 이시필은 북경에서 계란병을 접한 바 있다. 그러나 제 맛은 나지 않았다. 어디서 실패했을까? 당밀을 잘 뺀 설탕도, 제과용 밀가루도 조선 사람이 쉬이 얻기 힘든 재료였다. 어깨너머로는 어떤 품위의 재료가 필요한지 구체적으로 알 수 없었으리라. 계란이 있다 해도, 계란을 거품이 나게 치다 반죽을 이루는 기술은 하루아침에 익힐 수 없다.

　스폰지케이크며 카스테라를 굽기까지는 세월이 더 필요했다. 조선의 문호가 열리자 정제당과 구미산 과자가 물밀듯이 들어왔다. 제과 기술이 있는 화교와 일본인도 조선에 들어왔다. 가사 실습에도 제과가 껴들었다. 이윽고 1921년, 일찌감치 조선 음식의 체계화에 뛰어든 방신영 선생이 〈조선요리제법〉(광익서관 판)에 전통적인 병과와는 구분되는 서양 과자 제법을 싣기에 이른다. 선생의 '조선요리'란 조선 당대의 요리였다. 이 책에는 카스테라, 팬케이크, 컵커스타드, 코코아케이크, 초콜릿케이크, 버터케이크, 롤스폰지 등 다양한 서양과자 또는 일본식 양과자가 등장한다. 아울러 버터, 마가린, 라드와 같은 새로운 유지에 팬, 제과용 성형틀, 화덕 등 새로운 용구의 쓰임이 자세히 소개된다. 계란과 우유를 과자에 쓴다는 감각도 전에 없던 것이다. 이때 카스테라는 가장 많은 문단이 할애된 과자였다. 〈조선요리제법〉의 카스테라는 거품기로 계란을 치고, '상등 밀가루'를 풀어 반죽을 만들고, 틀에 버터를 발라 화덕(오븐)에 앉히고, "한 반시간쯤 구운 후 지푸라기로 찔러 보아 속이 다 익었거든" 완성되는 '상등 과자'였다. 이시필이 계란빵 굽기에 실패한 이후, 조선 사람이 카스테라의 재료와 제법을 정확히 기술하는 데 이르기까지 실로 200년이 걸린 셈이다.

그러고는 백 년쯤 흐른 오늘, 카스테라는 누구나 한마디씩 하는 나쁜 화제로 떠올랐다. '대만카스테라'가 유행할 때에도, 그 유행이 지나서도, 이제 누가 무슨 말을 부치든 애초에 나쁜 화제를 만든 쪽만 좋은 일 시키고 있다. 대만카스테라를 팔고 빠진 쪽에서는 이미 빼 먹을 것 다 빼 먹었다. 이후에 카스테라는 원래 이래 하면서 훈수 두는 이들의 경우라면, 적당히 한마디하면서 제 조회수를 올리거나, 카스텔라 및 카스테라에 대한 지식을 자랑하면 그만이다. 어느 쪽이든 기획한 쪽에서 바란 '노이즈 마케팅'은 승리했다.

잘 구운 맛난 카스테라에 대한 궁리, 제과 교육와 기술의 진흥을 궁리하는 말 없이 그저 몇백 년 전 카스테라의 시초, 그리고 나열할 수 있는 모든 제법을 따지는 말도 허무하다. 이 땅의 제과 역사, 그리고 그 속에서 꽃핀 케이크류와 카스테라를 무시하는 듯한 태도 때문이다. 어느 민족이나 둥근 물체를 차고 놀았다. 그렇다고 둥근 물체 차고 놀기 일체가 곧 축구는 아니다. 김치에 대한 고민은, 김치라고 하기 뭣한 아득한 김치의 원형도 아니고, 기무치도 아니고, 김치에서 시작할 일이다.

방신영 선생은 주의사항을 곳곳에 묻은 카스테라 항목을 이렇게 마쳤다. "주의치 아니하면 되기는 할지라도 잘 되지 못할 염려가 있느니라." 카스테라를 둘러싼 나쁜 화제를 뒤쫓은 담론은, 카스테라의 정체와 속성을 고민하고 카스테라 '되기'만이 아니라 '잘 되기'에 애쓰는 제과 일선을 유령 취급한 채 치고 빠졌다.

음식을 쉽게 보는 세태도, 서민대중이 허턱 음식업에 뛰어드는 현실도, 싸고 양 많고 맛있는 음식이라는 주술에 지핀 소비자도 아리고 쓰리다. 그 틈에서 챙길 것 챙기는 먹방에 소름이 돋는다. 그 뒤를 쫓아가는, '염려'보다 자기현시가 돋보이는 2차먹방, 파생먹방도 아리고 쓰리다. 내 뒷북 또한 그리 되지 않을까 염려할 뿐이다.

이기지,
떠나고 먹고 감각하다

태산을 과연 뭐라 하면 좋을까,

태산 남북으로 옛 제나라와 노나라 땅에 걸친 푸른빛이 끝없구나.

조물주가 모아놓은 신묘한 기운,

산덩이가 가른 밤과 새벽.

솟아오르는 안개구름에 가슴 후련해지고

크게 뜬 눈에는 돌아가는 새 들어온다.

반드시 산꼭대기에 올라

뭇 산이 작음을 한번 보리라.[38][39]

---

38 岱宗夫如何, 齊魯青未了, 造化鍾神秀, 陰陽割昏曉, 盪胸生曾雲, 決眥入歸鳥, 会当凌絶頂, 一覧衆山小
39 두보, 〈망악望嶽, 태산을 바라보며〉의 전문. 태산泰山을 대산岱山이라고도 한다. 중국의 대표적인 명산 다섯을 '오악五嶽'이라고 하는데, 그 가운데서도 태산이 으뜸이므로 대산을 높여 부를 때에는 다시 대종岱宗이라고도 일컫는다. 태산 권역이 워낙 넓고 크

위의 한 수는 시성詩聖으로 추앙받는 두보杜甫, 712~770가 스물아홉이던 740년에 읊은 시이다. 두보는 스물셋에 과거에 낙방한 뒤 발길 닿는 대로 여행을 다녔다. 두보는 여행길에서 시를 얻고, 벗을 얻었다. 열두 살 나이 차이를 넘어 우정으로 사귄 벗인 시선詩仙 이백李白, 701~762 또한 744년 여행길에서 만났고, 함께 여행을 다니기도 했다.

옛 동아시아 교양인의 여행은 18세기 영국 상류사회를 중심으로 유럽에서 꽃핀 그랜드 투어Grand Tour와도 겹치는 데가 있다. 동양이든 서양이든 여행자의 교양은 여행을 통해 더욱 넓고 깊어졌다. 옛날이나 오늘이나 세상을 책에서만 배울 수 없다는 깨달음은, 독서가 아니라 여행을 통해 분명해지게 마련이다. 여행에서 만난 위대한 자연, 그리고 역사의 현장은 여행자의 호연지기를 더욱 넓게 하는 계기가 됐다. 여행자의 감각과 정서가 자연과 역사 앞에서 한껏 고양될 때, 앞서 본 두보의 시 같은 절창이 나오고 문학의 향기 분분한 여행기도 나왔다. 그 예는 차고도 넘친다.

신라 출신 당제국인이자 불교 경전의 한문 번역에 큰 업적을 남긴 학승 혜초慧超, 704~787는 자신의 여정과 견문과 감상을 〈왕오천축국전往五天竺国伝〉으로 엮어 남겼다. 이 여행기는 8세기 당제국과 인도 대륙과 중앙아시아에 관한 정보를 담은 현존하는 유일

다. 태산 앞 남쪽에 새벽녘 햇빛이 비추어도, 산 뒤 북쪽은 아직 컴컴한 밤기운이 가시지 않는 수가 있다. "산덩이가 가른 밤과 새벽"이란 표현은 그와 같은 지리를 반영한다.

한 문자 기록이다. 원본의 유실이 너무나도 심한 점이 안타깝지만, 어렵게 전해진 여행기 속의 시편은 구법 여행자의 의지와 난생처음 보는 자연을 헤치고 4년이나 대륙과 대륙을 가로지른 나그네의 서정과 낭만을 여실히 보여준다. 가령 이런 것이다.

> 찬 눈은 얼음과 뒤섞이고
> 찬바람은 땅이 찢어져라 부는구나
> 거대하기가 바다 같은 고원은 얼어붙은 단壇이 되었고
> 강물은 제멋대로 강기슭을 물어뜯는다
> 용문에는 폭포마저 끊기고
> 우물 아가리는 뱀이 도사린 듯 얼어붙었다
> 불을 들고 층층이 올라가며 노래 부른다만
> 어떻게 파밀[파미르 고원]을 넘어갈까? 40 41

위의 시에서 혜초는 지금 토화라吐火羅, 토카리스탄에 서 있다. 토화라는 오늘날의 러시아와 파키스탄 접경에 자리한 곳으로 힌두쿠시 산맥과 파미르 고원이 바라보인다. 이곳을 통과해 동쪽으로 들어가면 드디어 혜초의 문화적 고향 당제국에 진입하게 된다. 곧 한 고비만 넘기면 아무튼 귀향길을 바라볼 수 있다. 4년 여행의 막바지, 난생처음 본 파미르 고원의 겨울이 지어내는 압

---

40 冷雪牽冰合, 寒風擘地裂, 巨海凍壔壇, 江河淩崖齧, 龍門絶瀑布, 井口盤蛇結, 伴火上陔歌, 焉能度播密
41 전해오는 〈왕오천축국전〉에는 모두 다섯 수의 시가 실려 있다.

도적인 풍경 앞에서 혜초는 시를 읊조린다. 그 마음의 일렁임 또한 앞서 본 두보의 시에 방불한다.

또 다른 대륙 북아프리카 모로코에서 태어난 당대의 교양인 이븐 바투타[Ibn Battuta, 1304~1368]는 스물한 살에 세계 여행을 시작해 무려 30년간이나 당시 갈 수 있는 지구상의 모든 땅을 밟았고, 그 기록을 〈이븐 바투타 여행기〉[42]로 남겼다. 아프리카, 아시아, 유럽을 아우른 14세기 문자 기록으로 이보다 방대하고 진기한 기록은 다시없다. 괴테[Johann Wolfgang von Goethe, 1749~1832]의 〈이탈리아 기행[Italienische Reise]〉은 유럽 그랜드 투어의 텍스트와 콘텍스트를 아우른 여행기다. 이는 계몽주의와 민족주의와 낭만주의가 손에 손잡은 유럽 당대의 분위기를 포착한 시대 탐험가의 기록이었다. 괴테 자신의 이상과 원망 또한 여정 곳곳에 담겨 있다. 일종의 이상을 좇아 걸으며 문자로 이룬 '로드무비'였다.

두보에서 괴테까지 그들은 모두 드넓은 세계에 눈을 뜨고 자신의 성장을 위한 여행을 했다. 이들의 시 쓰기와 여정의 기록은 문학과 역사와 철학이 서로 떨어지지 않고 맞물려 있던 시대의 글쓰기요 문학이었다. 견문은 늘 내면 성찰과 함께였다. 과연 여행은 위대했고, 남은 자취도 우뚝하다.

'위대한' 또는 '우뚝한' 여행[Grand Tour]이란, 달리 말하면 여행이 소수의 사람에게만 허락된 시대의 여행이다. 절대다수의 사람들이 일평생 태어난 땅에 붙어 살던 시대의 여행이란 아무나

---

42 한국어 완역은 〈이븐 바투타 여행기〉(정수일 옮김, 창비, 2001) 참조.

할 수 있는 일이 아니었다. 국가권력은 권력과 이해를 함께하는 웬만한 신분의 사람과 그 심부름꾼에 한해 도항, 도강, 월경을 허락했다. 산업혁명을 지나며 전 지구의 일상이 신분과 계급을 떠나 얽히면서, 아울러 도보와 말과 마차와 무동력선뿐이던 이동 수단을 대형 철도와 대형 동력선이 대체하면서 여행은 드디어 다양한 계급과 보통 사람에게 확산되었다. 여행과 여행을 둘러싼 글쓰기도 그 성격이 바뀌었다. 이태준은 〈문장강화〉에서 이렇게 말했다.

> 여행처럼 신선하고 여행처럼 다정다감한 생활은 없다. 보고 듣는 모든 것이 새것들이다. 새것들이니 호기심이 일어나고 호기심이 있이 보니 무슨 감상이고 떠오른다. 이 객지에서 얻은 감상을 쓰는 것이 기행문이다.

이에 앞서 이태준은 "자연이든, 인사든, 눈에 선 풍정風情에서 얻은 감상을 쓰는 글"이라는 말로 여행기 또는 기행문의 의의를 압축했다. 고귀한 인물이 목숨을 걸고 길을 떠난다거나, 길에서 나라의 내일을 책임질 인재다운 호연지기를 확충하고 내면을 성찰한다거나, 이전에 없던 위대한 기록을 남긴다거나와는 사뭇 다르다. 이제 여행의 동력은 '다정다감한 생활'이다. 호기심 어린 시선이 정서와 회포를 자아내는 풍치나 경치를 잡아낼 수 있다면, 거기서 누구나 쉬이 읽을 만한 기록이 생긴다면 그걸로 그만이다. 이태준은 다시 기행문을 쓸 때 떠나는 즐거움, 노정의 기록, 객창감과 지방색을 염두에 두라는 문장론을 이어간다. 이때 그림이나 노래는 넣을 수 있다면 넣어도 좋다, 단 역사와 지리에 대한 고증은 일삼지 말라는 충고를 곁들인다.

이는 두보나 혜초가 내보인 것과 같은 위대한 격정의 시대의 여행론이 아니다. 내 생활의 감각과 호기심이 무엇보다 앞서는 시대의 여행론이고, 여행 글쓰기론이다. 그런데 위대한 여행의 시대에도, 이태준이 오늘날의 여행이란 이런 것이니 하며 가르치기 이전에도, "보고 듣는 모든 것이 새것"이라고 말한 나그네가 있었다. 더구나 그는 동시대 조선 양반들과는 달리 새 먹을 거리에도 솔직하고도 열렬하게 반응했다. 1720년 9월 18일 청 제국의 수도 북경에 도착한 뒤 수십 일간 이곳저곳을 다니고, 북경에 머물던 포르투갈, 프랑스, 이탈리아, 독일 사람들과 얼마든지 와인을 마셔가며 스스럼없이 교류한 조선 청년, 이기지李器之, 1690~1722의 이야기이다.

1720년 조선 제19대 왕 숙종이 숨을 거두었다. 조선에서는 숙종의 부고를 청에 알리기 위해 사절단을 꾸린다. 사절단의 총책임자인 정사에는 이이명, 부사에는 이조, 서장관에는 박성로가 임명되었다. 정사 이이명은 이조판서, 병조판서, 우의정, 좌의정 등 고위직 중의 고위직을 두루 거친 노론의 핵심 인물이다. 이이명은 자리도 높았지만 국왕의 신임도 두터웠다. 1717년 배석자도 없이 숙종과 이이명이 단 둘이 마주한 자리에서, 숙종은 훗날 영조가 된 둘째아들이자 경종의 배다른 아우인 연잉군延礽君의 보호와 후견을 이이명에게 당부한 바 있다.

이 독대^{独対 43}가 이이명과 이기지의 어이없는 죽음의 빌미가 됐거니와 당대의 권력의 한복판에 있었던 여당의 핵심인물 이이명이 바로 이기지의 아버지⁴⁴이다.

한편 이기지는 1715년 식년시에 장원으로 급제한 인물이다. 양반가 자제가 거머쥘 수 있는 최고의 성취를 이룬 셈이다. 집안 좋아, 장원까지 차지해, 이기지는 일약 명사로 떠올랐다. 남 부러울 것 없는 인생이었다. 그러나 조선 시대 사람들에게 해외여행의 기회란 일평생을 통틀어 단 한 번도 맞이하기 힘든 일이었다. 이기지는 어쩌면 난생처음이자 마지막으로 아버지에게 아쉬운 소리를 했을지도 모른다. 이기지는 사절단의 공식 직제에 없는 비공식 수행원인 자제군관^{子弟軍官}의 자격으로 아버지가 정사로 있는 사절단에 껴들었다. 당시 이기지의 나이가 서른하나, 세상에 대한 호기심이 무르익을 대로 무르익은 나이에 조선인 머릿속 문명의 수도이자 세계의 중심인 북경에 가 닿을 기회를 잡은 것이다.

이기지는 주도면밀했다. 그는 1712년에 북경을 다녀왔으며 그 견문을 〈노가재연행록^{老稼斎燕行録}〉으로 남긴 김창업^{金昌業, 1658~1722}이라든지, 1685년에서 1717년에 사이에 네 차례나 북경을 다녀온 박필성^{朴弼成, 1652~1747} 등 선배와 그 인맥을 통해 사전에 북경에 관한 정보를 얻어 최대한 활용했다. 북경에 들어가 이기지가 가

---

43 이를 '정유독대^{丁酉獨對}'라고 한다.
44 이이명의 아내, 이기지의 어머니 광산 김씨는 〈서포만필〉〈사씨남정기〉 등을 쓴 서인의 거물 김만중의 딸이다. 어버이의 혼맥과 당색도 흥미롭다.

장 먼저 한 일은 요즘으로 치면 가이드 또는 여행 코디네이터 격인 현지인 왕사王四를 찾은 것이다. 1720년 9월 18일 만난 이기지와 왕사가 나눈 대화가 이러했다.

"김 진사는 내가 잘 아는 분이다. 늘 네가 미덥고 부지런한 사람이라고 하셨다. 그러하고 내게 너와 함께 (북경을) 다니라고 하셨는데, 알아듣겠느냐?"
"김 노야께서 저를 정말 아껴주셨기에 지금도 잊을 수가 없습니다. 이제 구경 나가시겠다면 응당 모시고 같이 다녀얍죠."[45]

왕사는 김창업이 북경에 갔을 때 안내자 노릇을 한 바 있다. 왕사는 이번에는 이기지를 위한 안내인이 되었다. 높은 외국인인의 심부름을 하면서 툴툴대긴 했지만, 왕사는 꼼짝없이 업무를 수행했다. 이기지의 행동과 태도 그리고 심성의 한 자락이 이런 면모에 깃들어 있다.

준비된 여행자, 준비된 호기심 사냥꾼인 이기지는 북경의 다른 어느 곳보다 먼저 천주당으로 향했다. 9월 22일, 당연히 들러야 할 곳이라는 듯이 북경 천주당 가운데 남당[46]을 찾아 들어갔다. 그럴만한 사연도 있었다. 1717년 북경을 방문한 뒤 독일 출

---

45 〈일암연기〉 1720년 9월 18일자에서.
46 이기지가 북경에 머물 당시, 북경에는 동당, 서당, 남당 등이 있었다. 북당은 없을 때다.

신 예수회 신부 슈툼프Bernard-Kilian Stumpf, 기리안[紀理安]와 교류한 박필성이 이이명 일행에게 슈툼프에게 전할 선물을 맡겼고, 그 선물을 전하러 역관이 남당을 가는 길에 이기지가 껴들었던 것이다. 하지만 슈툼프는 그해 여름 사망한 뒤였다. 이날은 슈툼프를 대신해 포르투갈 출신 예수회 인사인 수아레스, 마갈렌스, 카르도소, 세 사람이 일행을 맞았다. 이후 이기지와 이들을 비롯한 여러 서양인 사이의 대화는 11월 24일 이기지가 북경을 떠나기까지 밑도 끝도 없이 이어졌다.

이기지는 무엇을 그렇게 찾았으며, 입말이 통하지 않는 사람들과 서로 무슨 할 말이 그렇게 많았는가. 여러분이 짐작한 대로다. 이기지도 서양식 벽화를 보고 놀랐고, 천리경이며 자명종에 넋이 나갔다. 서양 그림과 알파벳과 아라비아 숫자를 비롯한 서양 문자, 그리고 서양 서적은 최고의 관심사였다. 역법과 천문과 동서의 사상에 대한 토론은 웬만한 과학기술사며 철학사 및 문화사 지식이 없는 한, 오늘날 고등교육을 받은 사람들도 웬만큼 이어가기가 힘들다. 한국인도 읽어내려가기가 힘들다. 서로가 한 말에 대해 알면 안다고 하고, 모르면 다시 모른다고 하며 이어진 이들 사이의 소담한 대화(한문 필담 및 중국어 통역)는 함께 모인 사람이 시간을 낼 수 있는 한, 반나절이고 한나절이고 이어졌다.

이기지는 순수한 지적 야망을 가지고 미지의 세계를 탐색했고, 아주 예의바르게 문답을 이끌어갔다. 이기지를 맞은 예수회의 인사 또한 예의 바르고 호기심이 가득한 데다 말이 통하는 외국인이 마음에 들었다. 대화를 나누는 동안, 더욱 친해지면서 음식 대접은 융숭해졌고, 이들은 만나기만 하면 최고의 먹을거리로 이기지를 대접하려 했다. 이기지 또한 난생처음 간 곳에서 접한 난생처음 보는 먹을거리를 마음껏 즐겼다.

고려와 조선은 1271년에서 1893년에 이르는 600년간, 중국이 원과 명과 청으로 이어지는 동안, 모두 580회에 걸쳐 천하의 중심 북경에 사절단을 파견했다. 이것이 연행燕行이며, 그 기록을 통틀어 연행록燕行錄이라 한다. 이 580회의 연행을 통틀어 이기지만큼 적극적으로 음식 대접을 받은 사람도 없고, 이기지처럼 열심히 먹어댄 사람도 없는 듯하다. 또한 새 먹을거리 앞에서 적극적으로 내 관능과 감각을 열고 그것을 기록한 사람도 별로 없다.

1720년 9월 22일 이기지의 천주교 남당의 방문은 이기지와 예수회 인사 간의 인사 그리고 일종의 탐색전 격이었다. 기독교 성화와 성물의 입체감이 신기하기만 했고, 눈을 마주치며 말하는 서양인의 모습도 기이하게 느껴졌다. 그래도 그들은 변발을 하고 있었고 청나라의 옷을 입고 있었다. 며칠 지나 9월 27일에는 제대로 인원이 꾸려졌다. 이기지는 아예 정사인 아버지 이이명에다, 부사 이조, 서장관 박성로까지 동반해 남당으로 갔다. 이날 남당에는 이전에 만난 포르투갈 출신 예수회 인사 셋 외에 독일 출신 예수회 선교사 쾨글러도 기다리고 있었다. 환대와 우의가 오가는 가운데, 조선인들 앞에 신기하고 맛난 음식이 나왔다. 이기지가 남긴 연행록인 〈일암연기一庵燕記〉에 그 기록이 분명하다.

서양떡 30개를 내오는데 그 모양이 중박계와 비슷했다. 매우 부드럽고 달며 입안에 넣자마자 풀어졌다. 참으로 특별한 맛이었다. 만드는 방법을 묻자 설탕에 계란, 밀가루 등을 섞어 만든다고 한다. 선왕(여기서는 숙종)이 말년에 입맛이 없어 색다른 맛을 찾자 어의 이시필李時弼이 말하길 "전에 연경에 갔을 때 심양장군 송주松珠의 병을 치료하면서 계란병을 먹어보았는데 맛이 지극히 부드럽고 좋았습니다. 중국에서도 이것을 진귀한 음식으로 여깁니다"라고 했다. 이시필이 그 제조법에 따라 만들어보자고 해서 내국에서 만들어보았는데 끝내 제대로 만들지는 못했다. 바로 이 음식이 그 서양떡이었던 것이다.47

조선 사람들이 식사를 하고 왔다며 밥상을 사양하자, 서양 사람들은 간식을 내왔다. 흥미로운 한 장면이다. 중박계란 조선식 유밀과의 일종이다. 그 모양이나 크기가 대략 오늘날의 휴대전화쯤 된다. 재료가 설탕, 계란, 밀가루이며 입안에서 바로 풀어질 정도로 포근하면서 부드럽고, "계란병"이라고 할 만큼 노란빛이 선명한 서양과자라면 무엇이 있을까. 입에 넣자 풀어질 정도라 했으니 카스텔라보다는 아마도 스펀지케이크일 것이다.

47 出西洋餅三十立, 其狀類我国中薄桂, 而脆軟甘味, 入口即消, 誠異味也. 問其方則, 以砂糖和鶏卵·麵末為之. 先王末年, 厭食思異味, 御医李時弼, 言曾赴燕時, 治瀋陽将軍松珠病, 以鶏卵餅食之, 而味極脆軟奇絶, 彼中亦以為稀異之味云. 請依法造成, 內局造之而終不能善, 盖此物也. - 이기지, 〈일암연기〉 1720년 9월 27일자에서. 그 교감은 조용희, 신익철, 부유섭의 작업을 따른다.

더욱 흥미로운 점은 숙종 때에 이미 스펀지케이크를 맛본 조선인이 있었고, 한번 만들어본 적도 있다는 사실이다. 그렇다면 왜 만들기에 실패했을까? 원인은 여럿이 있다. 그저 설탕이어도 안 된다. 당밀과 수분을 잘 뺀 상당히 순도 높은 설탕이어야 제과용이 된다. 계란이야 내국內局, 곧 임금을 돌보는 의료 기관인 내의원에서 쉬이 구한다고 해도 거품내기라는 아주 까다로운 기술을 알아야 한다. 거품을 낼 때 노른자만 쓰느냐 흰자와 노른자를 함께 쓰느냐에 따라서도 물성이 달라진다. 여기서 카스텔라와 스펀지케이크가 갈린다. 밀가루도 그렇다. 밀기울을 잘 벗겨내고 제거한 뒤 아주 곱게 빻은 밀가루가 아니면 서양식 제과는 불가능하다. 그래도 서양과자에 대한 기억이 왕실과 명문가에 남아 있음이 새삼스럽다. 외래 문물, 외래 음식을 가장 먼저 접할 수 있는 계급도 상류 계급이요, 그것을 먼저 수용하는 계급도 상류 계급이다. 기술 전수는 논외로 하고, 아무튼 낯선 음식이라도, 보편적인 설득력이 있는 음식이라면 얼마든지 외국인도 반할 수 있다는, 음식 문화사의 가장 기본적인 틀을 18세기 조선인이 생생히 보여주고 있다. 〈일암연기〉에 따르면 이기지가 스펀지케이크를 한 조각 먹자마자, 신부들은 차를 내왔다. 이때에도 이기지는 유럽에 사는 신사라도 된 듯 과자에 이은 차를 즐겼다. 이기지는 배 속이 편안하고, 배부른 느낌을 주지 않으며, 시장기만 잊게 하는 이 간식 차림을 평상시에 즐기던 것인 양 자연스럽게 받아들였다. 이윽고 이기지는 와인까지 접하고 와인에 관해 이런 기록을 남긴다.

소림과 대진현이 또 나를 어떤 방으로 이끌었다. 탁자에 수정병이 하나 있는데, 높이는 세 자(약 30.3cm)쯤이고 정말 좋은 술이 담겨 있었다. 술을 따라 내게 권하는데 술맛이 감미로우면서도 상쾌하고 이채로운 향이 코를 찔렀다. 마시고 난 다음에는 그저 조금 취기가 오를 뿐이고 취하지는 않았다.[48]

17세기에 조선인이 대마도에서 이베리아에서 건너온 와인을 견문한 단편적인 기록이 남아 있긴 하지만[49] 공들여 마시고, 공들여 그 관능을 표현한 와인 기록이라면 역시 이기지가 남긴 이 한 문단에 미치지는 못한다. 가령 원문의 "淸爽[청상]"에 담긴 관능의 속내란, 영어권의 관능 표현으로 치면 clear에서 bright, deviate, feel well, frank, straight forward에 이르는 감각을 포괄한다. "醺[훈]"은 어떨까. get drunk에서 be intoxicated까지, 앞서의 표현처럼 섬세한 감각의 미묘한 표현이라고 하겠다. '상쾌하다'라든지, '취기가 오르다'의 너머가 있는 묘사라고 하겠다. 잘 얻어 먹고 마신 며칠 뒤인 9월 29일에는 수아레스와 쾨글러가 이기지 일행의 초대를 받아들여, 조선 사람들의 공식 숙소인 법화사를 방문한다. 이후 이기지와 예수회 인물들의 사귐은 더욱 적극적으로 변한다. 미각에서도 마찬가지다. 조선 사람들은 답

---

48 蘇戴又引入一房. 卓上有水晶瓶, 高三尺許, 貯酒若空. 酌酒勸余, 其酒味甘而淸爽, 異香逆鼻. 飮後但微醺, 而亦不醉
49 김세렴金世濂, 1593~1646, 〈해사록海槎錄〉(1636~1637) 1636년 2월 18일자 참조.

례로 시루떡을 쪄 유럽인들에게 보냈고, 유럽인들은 시루떡을 맛나게 먹으며 다시금 그들의 계란병을 보내기도 했다.

10월 10일 이기지는 다시 한 번 융숭한 대접을 받는다. 서양 사탕, 산사편, 앵두, 배, 대추, 포도 들을 갖춘 간식상에 전에 먹던 것과 같은 계란병도 나왔다. 오스트리아 출신 예수회 선교사 프리델리Xavier-Ehrenbert Fridelli, 비은[費隱]도 처음 만났다. 둘은 금세 마음을 터놓았다. 프리델리는 이기지에게 차에 스펀지케이크를 적셔 먹는 법을 가르쳐주었다. 이기지는 여기에도 금세 적응했다. 그러고는 '서양 포도주'가 나왔다. 기록의 앞뒤를 보면, 이기지는 지난 9월 22일 이래 유럽 와인과 조선식 포도 침출주 및 포도 가향주를 완전히 구분하고 있다.

> 또 서양 포도주 한 잔을 내왔는데, 색이 검붉고 풍미는 매우 향긋하면서 상쾌했다. 내가 본래 술을 잘 마시는 편은 아닌데 한 잔을 다 마시도록 취하지도 않고, 뱃속이 따듯해지면서 취기가 조금 오를 뿐이었다.[50]

빛깔, 풍미, 촉감, 마시고 난 뒤의 감각까지, 간략하지만 눈으로 보고 입속에 넣고 목구멍에 넘긴 뒤까지 일련의 동작과 상태를 한 주기로 그렸으니 갈데없는 와인 시음기이다. 다만 맛있다,

---

50　又出西洋葡萄酒一鐘, 色紅黑, 味極芳烈淸爽. 余本不飮, 而盡一鐘亦不醉, 腹中和泰微醺而已

없다가 아니라 이만큼 관능과 감각에 집중했다는 것은 상당히 마음에 들었다는 뜻이다. 이기지는 완전히 와인에 적응했다. 아니나 다를까, 이기지는 방문을 마치고 숙소로 돌아와서는 프리델리에게 와인을 조금 부탁한다는 편지를 보냈다. 다음 날인 10월 11일, 프리델리는 과연 와인을 보내왔다. 이기지는 이 와인을 아버지와 함께 마셨다. 이때의 느낌은 "맛이 깨끗했고 아주 취하지도 않았다味洌而不甚醉"라고 압축했다. 맛이 깨끗하다? 원문의 "洌[렬]"은 영어의 cold and raw라든지 pure, clear 같은 상태 및 그 느낌을 포괄하는 말이다.

 마음에 들자 그 다음 호기심이 발동했다. 이기지는 서양 포도의 품종, 와인 제조법을 또 캐물었다. 10월 20일 쾨글러와 프리델리의 방문을 받은 이기지는 기어코 와인 제조법을 꼬치꼬치 캐물었다. 그러자 프리델리는 가을에 수확한 포도로 와인을 담그되 같은 분량의 증류주를 더해 1년을 숙성시킨다는 설명을 더했다. 요약하면 이렇다. 9월 안에 수확한 잘 익은 포도 100곡斛, 다섯 말 또는 열 말을 기준으로, 눈 고운 포대에 즙을 짜 거른다. 이를 반쯤 졸아들도록 끓이다 절반으로 졸아든 즙을 다시 거두어, 그 즙 한 곡에 독한 증류주[火燒酒] 한 곡씩을 섞어 항아리에 보관하는데, 1년 지나서 색깔이 제대로 나면 잘된 것이라고 했다. 이 설명처럼 와인에 주정을 더해 보존 기간을 늘린 와인이라면? 이베리아의 명물 포트와인이다. 한국인이 김치를 못 잊듯, 유럽 사람들도 와인을 잊을 수 없을 것이다. 18세기 와인은 오늘날보다 도수가 낮았고, 오늘날보다 잘 상했다. 잘못하면 바로 식초가 됐다. 예수회 사람들이 북경까지 가져다 먹으려면 별 수 없다. 포트와인이 아니면 와인을 마실 방법이 없다. 아, 이제 알겠다, 18세기 조선인 여행자 이기지가 마신 와인은, 검붉은 빛이 돌 만큼 빛깔이 든 포트와인이었구나!

10월 28일에는 북경 천주당 가운데 서당에서 큰 회합이 있었다. 이날 이기지는 프랑스 출신 예수회 선교사 자르투Pierre Jartoux, 두덕미[杜德美]를 만나고 싶었다. 그러나 자르투는 와병 중이었다. 이 때문에 자르투 대신 부베Joachium Bouvet, 백진[白晋], 레지스J. B. Régis, 뇌효사[雷孝思], 당트르코에François-Xavier d'Entrecolles, 은홍서[殷弘緒] 등 세 명의 프랑스 출신 예수회 선교사, 그리고 독일 출신 예수회 선교사 토르테Petrus V. du Torte, 탕상현[湯尙賢]를 만나 역시 긴 대화를 나누고 음식을 나누었다. 이들은 중국에서 조선으로 가는 길, 조선의 지리에 깊은 관심을 보였다. 이 가운데 부베는 백두산을 올랐고, 백두산에서 조선 땅을 살펴본 경험까지 있는 인물이었다. 서로 무슨 대화를 하든, 예수회 선교사나 사제의 최대 관심사는 아시아 전교, 극동 전교였을 것이다. 그건 그거고, 아무튼 이날도 떡 벌어지게 상이 차려졌고, 음식이 차례로 나왔다.

먼저 돼지, 양, 닭, 거위로 만든 탕이 나왔다. 한 음식에 두어 번 젓가락을 대면 시중드는 아이가 다른 그릇을 내오는 식으로 대접이 이어졌다. 중간에 와인이 나왔고, 서양식 과자만도 네다섯 가지나 됐다. 거기에 스펀지케이크[계란병]는 빠지지 않았다. 이어 물고기를 재료로 한 탕이 나오더니 양과 돼지의 뼈를 우린 탕이 이어졌다. 흰밥이 나오는 것이 식사의 대미를 알리는 신호였다. 그러고도 혹시 몰라 통째 익힌 돼지와 거위를 도마에 올려 냈다. 역시 시중드는 아이가 칼로 작은 조각을 내고 더 먹을지 기다렸다. 중국-유럽식의 혼합 또는 절충형에, 제대로 차린 성대한 '디너 테이블'임을 짐작할 수 있다. 이기지는 차 몇 잔을 마시며 이 식사를 마무리했다. 그리고 이날 식사에 대한 기록 중 눈에 띄는 부분은 이전보다 자란 이기지의 와인 감수성이다.

또 포도주 세 잔을 내왔는데 맛이 전에 마시던 것보다 좋았다. 내가 두 잔을 거푸 마셨지만 또한 취하지 않았다. 입에 들어가서는 상쾌하고, 목구멍을 넘어가면서는 향긋한 것이 그 맛을 무어라 형언할 수가 없지만, 경장옥액이라 해도, 내 생각에 이보다 더 낫지는 못하리란 생각이 들었다.[51]

저번보다 낫다니. 몇 차례 와인을 접한 사이에 관능의 비교를 행하는 데 이르렀다. 입에 넣고, 목구멍 지나서의 관능까지 묘사하고 있다. 영어권에서 말하는 finish, 와인에 관한 한국어 표현에서 요즘 뒷맛이니 끝 맛이니 하는 지점이다. 보다 섬세해진 관능 평가를 바탕으로 이기지는 와인에 절대적인 평가를 내렸다. 경장옥액瓊漿玉液이라고 하면 이른바 신선의 음료다. 그러니 경장옥액과 같은 음료라면 사람의 관능 표현이 이루 다 그려낼

---

51 又進葡萄酒三鐘, 味勝前飲者. 余連飲二鐘, 而亦不醉. 入口爽然, 入喉薰然. 其味不可形言, 瓊漿玉液, 想無以加此矣.

수 없는 좋은 풍미를 쥐었다는 뜻이다. 그런데 경장옥액보다 와인이 낫다고 했다. 감각이 불어남에 따라 미각, 관능 표현의 수사도 이렇게 불어났다.

조선 청년 이기지와 예수회 인사들의 관심은 서로 달랐다. 조선 청년은 새 문물에 대한 호기심이 컸고, 예수회 인사들은 전교를 위해 북경과 백두산 이동의 지리 정보가 간절했다. 아무려나 조선 청년 이기지는 예의 바르고 대화의 기술이 몸에 밴 호감 가는 인물이었다. 이기지는 고답적인 천문학, 지리학 이야기에도 막힘이 없었다. 천리경, 자명종, 지도에 대한 관심도 컸다. 북경 천주당에서 새로 혼천의를 만들어 조선에 실제로 가지고 돌아올 정도로 적극적인 데가 있었다.

막힘없는 대화가 가능한 사람, 차려 내는 대로 잘 먹을뿐더러 나날이 그 미각이 섬세해지는 사람이라면 누구에게든, 어디에서든 환영을 받을 수 있을 것이다. 또한 이기지는 이기지 나름대로 머리가 좋아서, 예수회 인사들의 조선 지리 정탐이 좀 깊숙해지면, "산동에서 조선까지 바닷길이 2, 3천 리" 하는 식으로, 중국인에게 물어봐도 뻔히 나올 만한 답변을 해 내 나라 정보가 저들에게 넘어가는 상황을 뭉개버렸다. 이런 대화 가운데, 그때에도 산동 어부들이 조선의 해삼을 탐해 조선 해역으로 들어온다는 대답까지는 해주었다. 아무려나 이 해삼 관련 언급 또한 귀중한 음식문헌이라 아니할 수 없다.

이렇게 호기심 많고 재치 있고 잘 먹는 멋쟁이 이기지에게는 끔찍한 일이 기다리고 있었다. 이기지는 1721년 1월 7일 귀국한다. 바로 이 무렵, 숙종의 뒤를 이은 경종을 다음 임금으로 세우는 데 역할을 한 소론이 노론을 몰아내려는 계획을 점차 구체화하고 있었다. 노론은 이기지의 아버지 이이명이 숙종 살아생전에 연잉군(나중의 영조)의 보호 또는 후견을 숙종과 의논했음을 물고 늘어졌다. 1717년 정유년 숙종과 이이명의 독대란, 반대당 소론의 입장에서는, 지금의 임금 경종의 즉위를 방해한 불충으로 몰고 가기에 충분하고도 남는 일이었다.

귀국해서 얼마 되지 않아 이이명은 남해로 유배를 가게 됐고 1722년에는 이기지마저 유배에 처해진다. 1722년에는 이이명 등이 경종을 죽이려 했다는 고변이 있었다. 결국 그해 4월 30일 이이명은 한강 가에서 죽임을 당한다. 이기지는 의금부로 압송되어 다리뼈가 모두 부서질 정도로 혹독한 고문을 받는다. 그러던 5월 5일, 고문을 견디다 못한 이기지는 옥중에서 숨을 거두고 만다.

1725년 경종이 죽고 연잉군 영조가 왕위에 오르자 다시 한 번 세상이 바뀌었다. 영조에 의해 이이명도 이기지도 명예를 회복했다. 이이명은 문충의 시호를 받았고, 이기지는 사헌부 지평에 추증되었다. 그러나 유럽 지식인들과 마음껏 과학과 철학을 논하고, 혼천의며 천리경이며 자명종을 모으고, 포트와인부터 스펀지케이크에 대한 기록을 고답적인 학문 못잖게 기록할 정도로 관능이 열려 있던 멋쟁이가 살아 돌아올 수는 없었다.

외래술과 피개화

 술은 문명과 함께 태어나 인류 진화와 함께 줄곧 인류와 나란히 한 길을 걷다가 활짝 핀 문화의 꽃이다. 술은 꽃핀 이래 사람의 일상과 함께였고, 앞으로도 그럴 것이다. 술은 사람에 깃든 조(躁)와 울(鬱)의 이쪽저쪽에 모두 개입해 때로는 희극을, 때로는 비극을 연출한다. 술은 유쾌와 활기과 상상력과 생명력을 고양하는가 하면, 우울과 지리멸렬과 백지상태와 자기파괴를 조장한다. 친목과 사교의 통로가 되는가 하면 반목과 알력의 빌미가 된다. 하룻밤사랑을 이어주는 빌미가 될 수도 있고, 오래 한 이불 덮고 지내온 연인 사이를 깨뜨리는 파경의 방아쇠가 될 수도 있다.
 없다고 죽지 않으며 못 마신다고 죽지 않는다. 그러거나 말거나 사람은 기를 쓰고 술을 빚고, 술을 거르고, 증류하고, 세상에 퍼뜨리고, 끝내 마신다. 동서고금을 통틀어 금주령이 성공한 예는 단언컨대 없다, 없었다. 금주령은 다만 지하경제와 조직범죄와 소설과 영화에 상당한 동력과 영감을 제공한 채 수포로 돌아갔다. F. 스콧 피츠제럴드^{F. Scott Fitzgerald, 1896~1940}가 쓴 소설 〈위대한 개츠비^{The Great Gatsby}〉를 보라! 사람은 술을 마시며 술을 찬양하고, 술을 마시며 술을 혐오한다. 금지가 튀어나오기 무섭게 일탈이 뒤따른다. 사람의 살이와 엎치락뒤치락하며 또 농업사며 문명과 함께 1만 년, 오늘도 술은 사람 곁에 있다. 문명, 문화, 문학, 예술과 손 꼭 잡고 오늘도 사람과 함께다.

무엇보다 술은, 감각 증폭과 감정 증폭의 촉매다. 덕분에 술은 문학과 예술의 사회사에 필적하는 '문학과 예술의 음주사'를 스스로 이루었다. 술은 술이 쥔 증폭의 힘을 써 사람을 미친놈 아니면 시인으로 만든다. 미친놈과 시인 사이에서 사랑과 욕망이라고 할 만한 것들, 보통 사람의 마음의 행로, 비루한 일상에 대한 반응과 비상을 향한 몸부림 들이 언뜻 드러난다. 드러나되 난삽한 설명이 필요없는 비근한 예로 드러난다. 돌아간 문학 평론가 김현은 이렇게 말했다.

> 마음 맞는 친구하고, 막걸리든 소주든 맥주든 술을 앞에 놓고 마주앉으면, 내 속에서 잠자고 있던, 그리고 사실은 나 자신도 내 속에서 잠자고 있는 줄 몰랐던 말들이 줄줄, 아니 술술 나올 준비를 한다.
> —김현, 〈불꽃의 말〉에서.[52]

잠자던 말이 줄줄, 술술 나온다. 한발 나아가 서로의 모어^{母語}가 달라 말이 통하지 않을 지경에서도 말을 대신해 서로를 이어줄 다리 노릇을 하는 사물이 또한 술이다. 조선 효종 4년, 서기 1653년 8월 16일 제주에 표착한 네덜란드 동인도회사 소속 하멜^{Hendrik Hamel, 1630~1692} 일행은 난생처음 와 닿은 이곳이 어디인지 파악하기 힘들었다. 이곳이 북위 33도 32분에 위치한 섬이고, 대만도 중국도 일본도 아니며, 조악한 지도에서만 본 '코레아^{Corea}'의 어느 곳이라는 데까지는 알아냈으나 일행 가운데 조선이라는 나라, 조선왕국을 아는 이는 아무도 없었다. 목마르고 헐벗은 자신들에게 다가온 사람들이 제주 양민^{良民}인 줄은 더구나 알 길이 없었다. 하멜 일행이 난생처음 본 제주 사람들은 언제든 일행의 목숨을 빼앗을 수 있는 해적, 아니면 중국인 유형수로만 보였다. 이윽고 제주 관민^{官民}으로부터 먹을거리를 공급받은 뒤에야 마음을 놓은 하멜 일행은 일행에게 남은 귀중한 음료이자 구급약인 와인^{wine}을 제주 관민에게 내놓음으로써, 자신들이 감사를 표할 줄 아는 문명인임을 나타낼 수 있었다. 나아가 상대방의 환심을 사는 데 성공했다. 제주 관민에게도 와인은 입에 딱 맞았다. 술이 없었다면 어쩔 뻔했는가.

우리들 중의 몇 사람은 군대의 지휘관[53]을 찾아갔고, 그 섬

---

52 〈김현문학전집〉 14, 문학과지성사, 1993, 370쪽.
53 대정현감 권극중

의 수사[54]도 우리에게 다가왔다. 우리는 그에게 망원경과 붉은 포도주, 그리고 바위틈에서 찾은 선장의 은컵을 선물했다. 그들은 특히 포도주를 좋아하며 멈추지 않고 마시면서 몹시 흥겨워했다. 그들은 우정의 표시로 그 은컵을 우리에게 되돌려 주었다.

―헨드릭 하멜, 〈하멜 표류기〉, 신복룡 옮김, 한말외국인기록, 집문당, 1999에서.

한 백 년쯤 지나서는 황당선荒唐船, 이양선異樣船도 외국 술을 싣고 나타났다. 조선인에게는 황당할 정도로 그 모습이나 움직임이 낯선 배라 해서 황당선이고, 그 모양이 조선의 배와는 전혀 다르다고 해서 이양선이다. 18세기 말에서 19세기 중반은 서구 열강의 대양 활동에 불이 붙은 시기였다. 이들은 곧 조선에도 모습을 드러냈다.

프랑스인 라페루즈J. La Pérouse 선장은 1787년 제주도 일대를 탐사한 뒤 서구인으로서는 역사상 처음으로 쓰시마해협을 통과해 울릉도 주변을 탐사하고 그 해도를 작성한다. 이때 참고한 정보가 바로 하멜이 남긴 조선 관련 기록과 지도였다.

영국이 뒤지겠는가. 영국 함선이 북경으로 가는 또다른 길을 열 요량으로 황해를 통과한 때가 1739년이다. 황해에 왔다면 동해도 금방이다. 조선 정조 21년 서기 1797년에는 영국 해군 중령

---

54 水使, 제주목 판관 노정

바실 홀의 항해기에 묘사된 소청도 주민.

브로우튼William Robert Broughton 함장이 이끈 프로비던스Providence 호가 동해로 들어와 북태평양을 탐사한 뒤, 조선 동해안을 훑고 오늘날의 부산포, 당시의 동래부까지 내려왔다. 이들은 항해를 계속하다 오키나와 인근에서 난파하는데, 난파한 김에 프로비던스의 부속선을 타고 다시 동래부 용당포에 와 닻을 내린다. 이들은 일주일이나 용당포에 닻을 내린 채 이 지역 해도를 작성했다. 이들의 경우 말고도 나타났다 사라진 황당선, 이양선 기록은 일일이 나열하기 힘들 정도로 넘친다.

조선 순조 16년, 서기 1816년에는 이양선단이 백령도 쪽으로 들어와 서천 마량진까지 남하하며 열흘간이나 조선 서해안의 해로를 측량했다. 맥스웰 함장Murray Maxwell이 이끈 알세스트Alceste 호와 홀Basil Hall, 1788~1844 함장이 이끈 리라Lyra 호로 이루어진 이들 영국 선단이 마량진 앞바다에 닻을 내리자, 마량진 첨사 조대복과 비

바실 홀의 항해기에 묘사된 조선 관리.

인현감 이승렬이 선단에 접근했다가 리라 호에 승선한다.

> 그는 우리와 같이 있으면서 차와 체리, 그리고 브랜디를 나누었으며 그러는 동안 그는 어느 모로 보나 편안해 보였다. (…) 이에 현감은 매우 만족하고는 가려고 일어섰다.
> ─바실 홀, 〈조선 서해 탐사기〉, 신복룡·정성자 옮김, 한말외국인 기록, 집문당, 1999에서.[55]

조선 영해를 침범한 이들의 정체를 밝히기 위해 이양선에 오

---

[55] 원서는 홀이 1818년 영국에서 출간한 〈Account of a Voyage of Discovery to the West Coast of Corea, and the Great Loo-choo Island〉이다. 이 책의 5분의 1쯤이 조선 관련 정보이다. 원서의 제목을 한국어로 옮기면 '조선 서해안과 대류큐 섬 탐사 항해기'쯤이 될 것이다.

른 관리가 차에 과일에 술에 너무 마음을 놓았다. 저들은 탐사요 측량이라고 하지만 실제는 갈데없는 영해 침범 아닌가. 무단 항해 아닌가. 영해 자주권 손상 아닌가. 조선 조정도 이들의 느슨한 대응과 보잘것없는 일처리를 도저히 두고볼 수 없었다. 충청수사 이재홍의 장계를 통해 현장 관리의 대응을 파악한 조선 조정은 장계를 받은 다음날로 조대복과 이승렬을 파직해버렸다.[56] 두 관리는 마음을 놓아도 너무 놓았다. 차와 체리보다 브랜디의 미혹 또는 매혹이 더하지 않았을까?

사족으로 고려 시인 이규보李奎報, 1168~1241가 남긴 고구려 건국 서사시 〈동명왕편東明王篇〉의 한 잔을 더한다. 다섯 마리 용이 끄는 수레를 타고 하늘에서 내려온 해모수가 아리따운 유화를 유혹할 적에도, 황금잔에 따른 술 한 잔이야말로 하룻밤사랑의 중개자였다. 그러나 이 사랑은 유화의 아버지이자 물 세계의 지배자 하백의 입장에서는 야합에 지나지 않았다.

    비단 자리 눈부신데
    황금잔에는 맛좋은 술
    사뿐사뿐 과연 스스로 술자리로 와
    권커니 잣거니 하다 이내 취했네[57]
    — 이규보, 〈동명왕편〉에서.

---

56 〈승정원일기〉 순조 16년 7월 20일자 기사 참조. 이재홍의 장계는 〈순조실록〉, 순조 16년 7월 19일자에 실려 있다.
57 錦席鋪絢明, 金樽置淳旨, 蹁躚果自入, 対酌還徑醉

하백은 자신의 딸을 유혹해 가부장권을 침해한 해모수와 죽기살기로 다투었고, 유화는 아버지의 나라에서 쫓겨나 부여로 흘러 들어가야 했다. 아무튼 이 사랑의 결과 해모수와 유화 사이에서 주몽이 태어났다. 주몽은 새 나라 고구려의 시조 동명왕이 됐다. 이때의 술은 새로운 시작 또는 거대한 시작의 빌미였다. 하지만 제국주의 선단의 우두머리가 내민 술은, 은둔의 나라 관리에게는 업무 실패와 파직의 빌미였을 뿐이다.

해로, 교통로를 포함한 다각적인 아시아 정보를 파악한 서구 열강은 야금야금 동아시아 세계를 먹어 들어왔다. 1854년에는 미국에 굴복한 일본이 미국과 일미화친조약을 맺었다.[58] 청과 영국은 1840년 아편전쟁을 벌이더니 1842년 청이 굴복하면서 남경조약이 체결됐다. 이는 각각 일본과 청의 개항으로 이어졌다. 이러고도 성에 안 찬 열강은 영불 연합군을 결성해 청의 수도 북경을 점령해 약탈과 파괴를 저질렀다. 1862년에는 프랑스의 침략을 견디다 못한 베트남이 프랑스와 제1차 사이공조약을 맺고[59] 영토의 일부를 할양한다. 아울러 프랑스는 메콩 강 항행권을 얻었다. 조선이라고 별수가 없었다. 조선은 미국으로부터 포함외교, 협박외교를 배운 일본에게 당했다. 1876년 일본의 겁박에 진 조선이 일본과 조일수호조규를 맺으면서 조선도 억지 개항에 합류했다. 그런 뒤 얼마 되지 않아 조선은 세계체제에 급

---

58 1858년 일미수호통상조약이 체결됐다.
59 1874년 제2차 사이공조약이 체결됐다.

속도로 빨려 들어갔다. 빨려 들어가다 못해 1910년에는 아예 나라가 망하고 일본제국의 일부가 되었다.

바로 이 무렵이다. 19세기 중엽에서 20세기 초에 이르는 시기, 조선을 방문한 서구인이 자신의 체험담 또는 여행기를 모아 출간한 단행본은 190여 종에 이르는 것으로 추정된다. 그 가운데서도 우리에게 널리 알려진 체험담, 여행기는 한결같이 조선 사람들이 서양술을 필두로 한 외래술에 완전히 감각을 개방했다는 데 흥미를 느꼈다. 가령 1868년 흥선대원군의 아버지인 남연군의 묘를 도굴하려다 실패하고 돌아간 독일인 오페르트$^{Ernst\ Jacob\ Oppert}$는 세 차례나 조선을 돌아다니며 정탐에 공을 들인 인물이기도 하다. 오페르트는 조선인의 외래술 취향에 대해 "샴페인과 체리브랜디를 선호하며 그 외에도 화이트와인과 브랜디 및 기타 독주를 좋아한다"는 기록을 남긴 바 있다. 단 레드와인은 떫은맛 때문에 별 인기가 없다는 소리도 남겼다. 정식 개항 이전부터 물 젖어 들어가듯 퍼진 외래술 취향 기록으로는 흥미로운 대목이다. 아래 기록도 이채롭다.

> 하멜에서부터 최근의 미국인에 이르기까지 이곳을 찾아온 많은 방문객들은 조선 사람들이 맥주에서부터 위스키에 이르기까지 온갖 독주^{毒酒}를 모두 좋아한다는 사실이 무엇보다도 인상적으로 보였다. '조선 사람들은 바커스^{Bacchus}에 대한 경배에 몹시 열중하고 있다'는 것이 중론이다. 조선어에는 그들이 조야한 방법으로 만든 곡주^{穀酒}를 매우 익히 알고

있다는 사실을 입증해주는 어휘가 많다. 반도의 주민들은 부여와 고구려 시대에도 술고래들이었다. 근대 조선이 상역商易의 문호를 개방하자마자 조선은 양조장을 세웠으며, 유럽의 과일주, 브랜디, 위스키, 진 등이 수입되어 조선 사람의 술맛을 바꾸어 놓았으며, 전국적으로 술 소비량을 늘렸다.
―W. E. 그리피스, 〈은자의 나라 한국에서〉, 신복룡 옮김, 한말외국인기록, 집문당, 1999에서.[60]

전형적인 서구인 '동양학자' 그리피스 William Elliot Griffis 는 1882년 펴낸 〈은자의 나라 한국〉에서 개항 전후 바뀐 조선인의 술 취향을 위와 같이 묘사했다. 조선 사람이 술은 워낙 좋아했고, 새로 맛본 술에 완전히 적응했다는 것이다.

1902년 이전에 간행된 것으로 추정되는, 프랑스 외교관의 비망록에 따른 조선 이야기는 여성에게도 퍼진 샴페인, 와인 취향을 이렇게 전하고 있다.

부인네들은 자기네들끼리만 서로 왕래하곤 하는데 이러한 방문은 가끔 새벽까지도 이어지는 모양이었다. 그들은 모여서 차와 음료를 마시고 때로는 샴페인이나 다른 프랑스

---

[60] 신복룡의 한국어판 번역은 1905년에 간행된 〈Corea, the hermit nation〉 제8판을 대본으로 한 것이다.

산 포도주까지 맛보곤 했다. 또 단 간식을 야금거리고 담배를 피우면서 자기들끼리 통용되는 아주 중요한 정보들을 속살거렸다. (…) 이러한 부인네들의 모임은 약간의 미묘한 차이가 있긴 하지만 유럽의 살롱에서 유행하고 있는 오후 5시 차와 간식을 드는 모임과 모든 면에서 흡사하다. 단 남자가 낄 수 없다는 점만 빼고.
— 클레르 보티에Claire Vautier・이폴리트 프랑댕Hippolyte Frandin, 〈프랑스 외교관이 본 개화기 조선En Corée〉, 김상희·김성언 옮김, 태학사, 2002에서.

이방인이 평범한 여성과 보다 화려한 생활이 가능했던 신분의 여성, 가령 기생을 명확히 구분할 수 있었는지는 모르겠다. 그 점을 감안하더라도, 기생이 즐길 정도라면 외래술이 도시 지역 중류 계급 이상에게 널리 퍼져 있었다는 말이다.

이는 또한 당시 통관 기록으로 엿볼 수 있는 술 소비 변화와 들어맞는다. 예컨대 1883년 조선과 일본이 새롭게 맺은 해관세칙[61]에는 그때까지 통관되던, 앞으로 꾸준히 들어올 물품이 일일이 나열되어 있다. 이 문서는 외래 음식 교류사를 담은 보물창고다. 소다수에 레모네이드에 진저에일이 올라 있는가 하면 일본산 간장, 된장, 식초, 소금 등이 적시돼 있다. 이 가운데 가장

---

61 해관海關이란 오늘날의 세관이다. 해관세칙은 세관 업무 및 검역과 통관관 관세에 관한 시시콜콜한 업무를 아우르고 있다.

시시콜콜 복잡한 식품 및 음식은 무엇보다도 술이다.

해관세칙에 따르면 중국산 및 일본산 주류, 그리고 능금주^{林檎酒}의 관세율이 8%이다. 여기서 능금주는 본래 의미의 사이다^{Cider}를 가리킨다. 당도 높고 과즙 많은 과일을 이용한 저도주 말이다. 당시까지만 해도 조선에서 능금과 사과가 종과 아종으로 경쟁하고 있었는데, 일본산 사이다는 능금주라고 했고 북미산 사이다는 사과주라고 했다.

도수가 높아지면서 또는 보다 사치품에 기우는 술에 따라서는 관세율도 올라갔다. 레드와인, 화이트와인, 맥주가 내용에 적시되었으며, 그 관세율은 10%였다. 보르도와인은 와인에 뭉뚱그리지 않고 따로 잡았으며 그 관세율은 25%였다. 보르도와인과 나란히 거론된 베르무트^{wermut 또는 vermut}와 셰리의 관세율 또한 25%였다.

이 밖에 브랜디, 위스키, 샴페인, 체리코디얼^{cherrycordial}, 진, 리큐르, 럼이 적시되었고 그 관세율이 30%였다. 기재되지 않은 일체의 주류는 30%의 관세율을 적용받도록 했다.

이때 새로운 감각을 극대화하는 박래품의 이름에서도 묘한 이종교배가 일어났다. 천진이나 시모노세키에 그 이름을 한자로 쓴 예가 있다면 그대로 가져다 쓴다. 가령 와인은 포도주^{葡萄酒}라고 하면 그만이다. 사이다는 위에서 본 대로다. 보르도와인, 셰리, 브랜디, 위스키, 샴페인, 체리코디얼, 진, 리큐어, 럼에 대해서는 각각 복이탈^{卜爾脫}, 사리^{瀉哩}, 박란덕^{撲蘭德}, 위사길^{惟斯吉}, 상백윤^{上伯允}, 앵주^{櫻酒}, 두송자주^{杜松子酒}, 리구이^{哩九爾}, 당주^{糖酒}와 같은 말을 가져다 붙였다. 천진이나 시모노세키에서 베낄 수 없는 사물이라면? 이때는 그냥 훈민정음을 썼다. wermut 또는 vermut는 '월뭇'이라고 했다.

이렇게 복잡하게, 기어코 세관 업무에, 통관에 일일이 나열하고, 여기서 빠지면 어디에 준하라는 섬세한 걱정을 해야 할 정도로 외래술은 물밀듯 들어왔다. 그만큼 조선 사람들을 사로잡았다. 그러나 사로잡히기만 했다. 사로잡히다 못해 조선이 들여온 3대 수입물품 가운데 하나가 일본술이었다(면직물과 등유가 나머지 둘이다). 그때 퍼져 오늘까지 한국인에게 흔적을 남기고 있는 술이 기쿠마사무네, 국정종菊正宗, 더 쉽게 일러 '정종'이다. 그러고는 조선 주류는 어떤 산업 기반도 만들지 못하고 1910년에 가 닿았다. 자국 주류, 위엄 있는 전통을 아로새긴 조선술에 대한 어떤 청사진도 남기지 못하고 1945년을 지나가야 했다. 동시대 구미인들도 고급으로 친, 사치품으로 친 주류를 얼마든지 조선에 들여와 신나게 마시는 동안, 그만한 주류에서 교훈을 얻지는 못하고, 그만한 산업과 유통에 대한 쓸데있는 선망을 응축하지는 못하고, 그냥 마음만 풀었다. 마음만 놓았다.

글쓴이가 안타까워하기 한참 전에, 동시대 무명씨, 아마도 〈대한매일신보〉 관계자가 아닐까 싶은 누군가도 이미 세태에 술을 잇대고 있었다. 가령 이런 전형적인 '애국계몽기가사'의 형식으로 말이다. 그 제5절을 오늘의 한국어로 번역하듯 다시 새기니 이렇다.

〈대한매일신보〉 1906년 1월 10일자 "피개화".

당당히 양요리루 의자에서
커피를 압음狎飮하며[즐겨 마시며]
샴페인을 혈파決破하니[들이켜니]
문명개화 이 아닌가
—〈대한매일신보〉 1906년 1월 10일자 "피개화皮開化".

이 노래의 화자는 커피와 샴페인(여기서의 표기는 삼편주三便酒)을 마시기만 하는, 서양식으로 두발을 정리해 향수를 쳐바르기만 하는, 서양식 정장 일습을 화려하게 떨쳐입기만 하는, 금테 안경 쓰고 금강석 장식 박은 물부리에 이집트산 연초를 꽂기만 하는, 회중시계를 품고 지팡이 짚기만 하는, 월급여가 얼마든지 간에 하루 30원을 은전이든 지전이든 물쓰듯 쓰기만 하는 개화, 개화라기보다 개화 흉내를 가리켜 '피개화', 곧 '껍데기 개화' '껍데기뿐인 개화'라 했다. 그 마무리는 이렇다.

뱃속에는

학문이 무엇이오
텅텅 비어 아무것도 없소
그러면 피개화

아직 거친 대로 정당한 호기가 있다. 보기 흉하지 않은 비분강개가 꿈틀거린다. 몇 번을 꼬아 마음을 숨기는 바는 없다. 방향과 지향은 분명하다.

이때 샴페인은 그 자리에서 그럴 만한 알레고리로 제 역할을 해내고 있다. 그러나 이런 기운의 생동은 1907년 헤이그 밀사 파견이 무위로 돌아가고, 군대가 해산되고, 일제가 또다른 허수아비 황제 순종을 새로 내세우면서 점점 시들어갔다. 이와 대조적으로, 요릿집 광고는 뭐라 이루 콕 집어 말하기 어려운 기묘한 분위기를 품고 있다. 광고는 들썩이는 문장을 얼마든지 내뿜는다. '피개화'가 울려퍼진 뒤 딱 2년 지나, 〈황성신문〉 1908년 1월 10일자에 오른 고급 조선요릿집 명월관의 확장 광고를 보자. 역시 번역하듯 오늘의 한국어로 다시 써본다.

삼가 생각하매 북두칠성의 손잡이가 동쪽을 향하면 천하가 봄이 되는데, 사회의 대운은 갈수록 창성하고 있습니다. 우리 명월관이 이를 축복해 영업을 위한 시설을 확장해 열심히 영업하고 있습니다. 면모를 일신해 개량하고, 기물과 자리[62]와 잘 가꾼 화분과 장식을 갖추어 천 명 이상의 손님이 오더라도, 손님 맞는 설비가 터럭 하나의 결점도 없도록 했습니다. 확장해 갖춘 물품을 왼쪽과 같이 우러러 알려드리니, 부디 아껴주시고 찾아주시어 우리 명월관이 더욱 크고 번창케 해주시기를 천번만번 바랍니다.

새봄을 맞았단다. 애국자가 외국에서 죽었는지 말았는지, 대한제국이 군대 없는 나라가 됐는지 어떤지, 아무리 허수아비 황제라지만 외국이 제 나라 황제를 마구잡이로 바꾸는지 마는지 한국 역사상 최초의 조선요리 전문 음식점으로 꼽히는 명월관은 아무런 거리낌이 없었다. 그저 명월관 잘되면 됐다. 마무리는 역시 술이다.

공적, 사적인 연회를 위한 필요에 맞춘 물품이 왼쪽에:
- 대소연회에 필요한 물품 및 각종 기구
- 한요리특별개량교자
- 한요리보통교자
- 얼교자
- 주효상
- 식교자(대소)
- 각종 서양요리

[62] 방석, 보료 따위

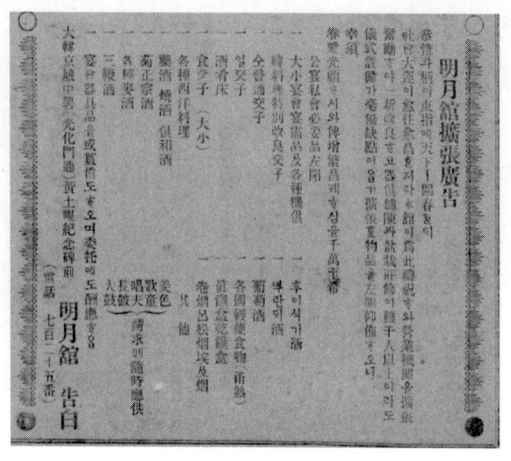

〈황성신문〉 1908년 1월 10일자에 오른 조선요릿집 명월관의 확장 광고.

- 약주, 소주 및 일본술 구비
- 기쿠마사무네
- 각종 맥주
- 샴페인
- 위스키
- 브랜디
- 와인
- 각국의 간단한 먹을거리
- 진찬합, 건찬합
- 권연, 루손산 권연(여송연), 이집트산 권연(애급연)
- 기타

조선술은 약주, 소주 딱 두 가지가 보인다. 견주어 위스키, 브랜디, 와인, 그리고 온갖 종류의 일본술과 특정해 명시한 기쿠마사무네가 눈을 찌른다. 그리고 역시 맥주와 샴페인이 보인다. 그러나 노래와 춤에서만큼은 '전통'을 뽐내고 싶었나 보다. "연회용 기물, 물품의 대여도 하며 위탁에도 응함. 예쁜 기생, 노래하는 어린 기생, 소리광대, 장구잽이, 대고잽이 들을 청구하는 대로 내놓겠습니다" 하는 마지막 문구가 쓸쓸한 대로 인상적이다. 아, 몇몇은 저러고들 살았구나! 세상 모르고 살았구나!

조와 울, 또는 유쾌와 활기와 상상력과 생명력과 우울과 지리멸렬과 백지상태와 자기파괴, 또는 항진과 저하에 적당히 가져다 붙인 형이상학이 순간 여기서 작동을 멈춘다. 지금 이 글을 쓰고 있는 내 머릿속은 그렇다. 이후 '술 권하는 사회'의 전개는 모두가 익히 아는 바다. 그 뒤로, 그 '술 권하는 사회'의 구식 상징과 은유와 알레고리는 문화사, 문학사, 예술사, 사회사에 잔뜩 실린 채 우리와 함께 또 어디론가로 흘러가고 있다.

맥주나 한 잔

"대관절 어디로 가는 길인가. 급지 않거든 점심이나 하세그려." "점심은 먹었는걸." "그러면 맥주나 한 잔 먹지." "내가 술을 먹는가."

"그만두게. 사나이가 맥주 한 잔도 못 먹으면 어떡한단 말인가. 자 잡말 말고 가세."

―이광수, 〈무정〉에서.

2017년은 이광수가 〈매일신보〉에 소설 〈무정〉 연재를 시작한 지 백 년이 된 해다. 1917년 1월 1일부터 6월 14일까지 모두 126회에 걸쳐 매일신보에 연재된 〈무정〉은 조선 독자를 완전히 사로잡았다. 보통 사람이 쓰는 조선어로, 게다가 청춘 남녀 셋의 사랑과 엇갈림 그리고 일상생활 속에 조선의 당대를 녹여냈으니 말이다. 〈무정〉은 한국 출판 역사에서 베스트셀러의 효시로 손꼽힌다. 수식하는 말 또한 어마어마하다. "한국 근대 문학의 기원" "여전히 살아 있는 작품" "당시 지식 청년들의 자서전" 등등. 그리고 소설이 시작되자 처음 나타난 먹을거리 또는 마실거리 또는 술이 바로 맥주다.

낮술 한 잔을 권한 신우선은 신문기자이고, 주인공 이형식은 영어 교사이다. 초여름 경성 하늘 아래, 이들의 입에서 나와 마땅한 술이 맥주였다. 맥주는 이미 조선의 대도시, 웬만한 직업을 지닌 젊은이와 함께할 만한 술이었다.

영어 교사에게, 신문기자에게 어울리는 맥주 또한 생활양식과 함께 왔다. 개항을 하고, 맥주는 엉뚱한 데서 떠오른 어휘였다. 조선 관리들은 국제적으로 널리 통용되는 도량형인 미터, 그램, 리터 등을 독해하고 나아가 조야에 설명해야 했다. 이때 영국 도량형인 Quart, Gallon, Hogshead, Kiloton, Barrel, Butt 또한 새로운 외교 상대, 무역 상대를 만난 조선 사람이 반드시 알아야 할 말이자 제도였다. 더구나 이 도량형은 영국 맥주 산업과 붙어 있다. 맥주는 새 도량형과 함께 기억해야 할 문물이었다. 나아가 영국 찰스 1세의 주세 정책을 거론하면서 맥주를 언급하기도 했다. 당시 구미 맥주 산업은 전 세계적인 주세 현황을 파악하는 데 중요한 참고 사항이었다. 당시 조선 관리들이 맥주에 붙인 별명이 '상주常酒'이다. 일상생활에서 음료가 될 만한 도수 낮은 술이라는 뜻이다. 한편 1903년 역사상 처음 '조선요리'를 표방하고 문을 연 자칭 '조선요리옥'인 명월관의 차림표에도 위스키, 브랜디, 와인, 샴페인과 함께 맥주가 자리한다.

아니 그전부터다. 1901년 이후 〈황성신문〉 등 언론에 '인물표 혜비수 人物標惠比寿' 맥주 광고가 보인다. 혜비수, 곧 1890년 발매된 일본 맥주 에비스 惠比寿, Yebisu다. 에비스는 조선 영업에도 열심이었다. 1903년 4월 1일 〈황성신문〉에 집행된 에비스 광고는 제국의 권위에 새 시대까지 부른 광고를 했다. 광고에 따르면, 에비스는 대한제국과 일본제국 황실에 모두 납품되는 맥주였다. 곧 두 나라 황제가 마신다는 술이었다. 게다가 "몸에 해롭지 않고 도리어 효험이 있"으며 "맥주 중에 인물표 혜비수 맥주가 제일"이라고 했다. 이것도 번잡하다. 한문으로 쓴 헤드카피를 보라.

"可飲可飲可飲麦酒. 不飲麦酒者非開化之人." 무슨 말인가. "마시기 좋고 좋고 또 좋은 맥주. 맥주 마실 줄 모르면 개화한 사람이 아니다!" 맥주는 새 문화에 목마른 조선인의 절박한 심정을 이렇게 건들기도 했다.

1910년대에 들어 맥주 광고는 더욱 거세졌다. 조선의 민족지에서 조선 총독부 기관지로 전락한 〈매일신보〉 1915년 6월 24일자 아사히, 삿포로 맥주 광고는 오늘날 광고에 못잖다. 세련된 저 그jug 위로 기분 좋게 흘러넘치는 거품, 맥주는 두 말이 필요 없는 형상으로 파고들었다. 가정으로도 파고든다. 〈매일신보〉 1922년 5월 25일자는 "현대 신사의 일일"이라는 큰 제목의 연합광고를 싣는다. 중산층 가장이 퇴근한다. 가장은 "유쾌한 자태로 고급 맥주 카스게-드"를 받아든다. 가장이 한잔하는 동안 아내는 아지노모토[MSG] 친 요리를 마련하면서 단란한 가정을 연출한다. 카스게-드란? 맞다, 캐스케이드Cascade를 일본식으로 쓴 것이다.

조선만이 아니었다. 아시아를 향한 맥주의 유혹은 유서 깊은 면이 있다. 중국 맥주의 효시는 1900년 하얼빈에서 시작한 하얼빈맥주다. 지리적으로 러시아와 마주하고, 독일 세력이 일찍 손을 뻗친 하얼빈의 별명은 '동양의 파리'였다. 유럽 풍경이 자리 잡으면서 하얼빈에는 금세 유럽식 음식이 번졌다. 맥주 생산은 자연스러웠다. 그 뒤를 이은 맥주가 칭다오맥주다. 1903년 설립된 '게르만맥주회사칭다오주식회사日耳曼啤酒公司青島股份'가 출발이다. 칭다오맥주는 워낙 칭다오의 명산인 라오산崂山의 좋은 물을 자랑했지만, 홉만큼은 독일산을 썼다. 두 회사 모두 일본제국이 강성한 시절, 아사히-삿포로의 전신인 '다이닛폰大日本맥주주식회사'에게 흡수된 적 있다. 이후 칭다오맥주는 1949년 중화인민공화국의 성립과 함께 국유화된다. 하얼빈맥주는 1950년 소련계의 경영을 중국이 환수해 대륙으로 돌아온다. 두 맥주 다, 대륙의 입장에서 해방 선물, 전승 기념품이라는 특별한 의미가 있다. 두 맥주가 서로 '중국 1등'을 다투지만 해방전 1등은 하얼빈맥주임에 틀림없고, 해방후 1등은 칭다오맥주임에 틀림없다.

역사학자 한석정의 연구에 따르면 동아시아 사람들이 처음 맛본 맥주는 영국이 동인도회사 소속 군인들에 공급한 IPA, 곧 인디언패일애일이다. 하지만 아시아의 서민대중이 선택한 맥주는 색과 향에서 보다 옅은 라거였다.

1869년 맥주 생산을 시작한 아시아의 맥주 강국 일본이 또한 라거 강국이다. 생산 이력 백 년이 넘는 에비스맥주, 삿포로맥주, 아사히맥주(이들은 1906년 다이닛폰맥주로 합병되었다가 전후에 분리되었다), 그리고 이들의 영원한 맞수 기린맥주 모두 라거가 주력이었다. 이들은 1933년 조선에도 영등포에 공장을 세우고 생산에 들어간다. 다이닛폰이 '조선맥주'를, 기린이 '쇼와기린'을 설립한 것이다. 해방이 되고, 조선의 자본가들은 이 시설을 적산으로 인수한다. 조선맥주는 크라운맥주로, 하이트맥주로 이어졌다. 쇼와기린은 OB맥주로, 카스맥주로 이어지고 있다. 모두 라거가 생산의 중심이다.

에일도 나름의 매력을 뽐내지만, 부드럽게 입안을 씻는 상쾌함, 다른 어떤 술이 지니지 못한 청량감, 황금색 몸에 순백 거품이 빚어내는 조형미를 떠올린다면 라거의 흡인력과 매력 또한 못잖다고 할 만하다.

중국인은 맥주를 일러 '말 오줌 맛 술'이라고 했다. 그런데 유럽에서 맥주의 별명은 '보리로 빚은 샴페인'이다. 잘못 빚고 잘못 보관하면 말 오줌일 테고, 제대로 빚어 제대로 마시면 샴페인일 테다. 한중일뿐 아니라 필리핀의 산 미구엘, 태국의 싱하와 창, 베트남의 사이공, 라오스의 비어라오, 캄보디아의 앙코르, 싱가포르의 타이거에 이르기까지 아시아 맥주 이야기도 밑도 끝도 없지만, 아시아 사람들, 백 년 사이에 금세 맥주가 샴페인인 줄 알아차렸다. 금세 저마다 맛있는 맥주를 빚어내게 되었다.

사케, 청주, 정종

경성역 폼[플랫폼]에 오뎅집 : 삼복철의 반도 여행자들에게는 오아시스라는 좋은 평판을 받고 있던 경성역 폼의 삐루[beer, 맥주] 스탠드바에서는 가을바람이 불기 시작한 지난 20일부터 삐루의 서비스를 그만두고 월계관月桂冠, 겟케이칸, 백학白鶴, 하쿠쓰루 등 술 외에 오뎅 같은 것도 팔기 시작하였는데 오뎅 한 접시에 20전, 술 한 병에 35전 그리고 우동 한 그릇에 20전이라는 헐한 값으로 서비스를 하고 있어 밤늦게 여행하는 사람들은 잠깐 내려서서 뜨거운 우동에 입맛을 다시느라고 벌써부터 인기를 끌어 손님이 들어 몰리고 있다고.
-〈매일신보〉 1939년 9월 22일자에서.

서울이 아직 경성이었던 일제치하 1939년. 그때 9월 하순에 접어들자 벌써 찬바람이 불었다. 그리고 찬바람과 함께 오롯한 술이 오늘날 한국인들도 널리 즐기고 있는 겟케이칸, 하쿠쓰루와 같은 일본 청주이다. 여기에 '싸늘한데 오뎅 한 사발에 따끈한 청주 한 잔'이라는 계절과 음식의 감각이 함께다. 일본 청주에 입맛을 다시고 오뎅과 우동을 먹느라 철도의 스탠드바에는 손님이 몰린다. 이와 같다. 일본의 술과 술 문화는 아주 오래 전에, 한국인의 일상에 파고들어 오늘에 이르렀다.

잠깐 말부터 정리하자. 술에 해당하는 일본어, 주류 일반을 가리키는 일본어 어휘가 '사케さけ'이다. 이를 좀 더 정중하게 표현해 '오사케お酒'라 한다. 일본인들은 자신들의 전통적인 주류를 통칭해 '니혼슈日本酒'라고 한다. 니혼슈를 대표하는 술이 '세이슈淸酒', 곧 맑고 투명한 쌀을 원료로 한 발효주인 청주이다. 이에 견주어 뿌옇고 탁한 발효주, 그러니까 한국의 막걸리와 같은 질감의 발효주는 '도부로쿠濁酒'라고 한다. 한자 그대로 탁주이다. 또 다른 탁주로 '니고리자케濁り酒'도 있다. 그리고 오늘날 일본인들의 니혼슈는 영어권이나 한국에서는 '사케sake'와 뒤섞여 쓰인다.

맥주, 와인, 보르도 와인, 위스키, 브랜디, 중국산 백주白酒, 일본산 주류 등은 조선이 해외에 문호를 개방한 1876년을 지나 1880년대를 지나면서는 물밀듯이 조선으로 들어왔다. 그 전에도 외국 술 유입 기록을 찾기는 어렵지 않다. 조선 사람들은 중국과 부산 초량 왜관과 대마도와 일본 열도를 통해 이미 다양한 외래 주류를 접하고 있었다. 그 가운데 일본 주류는 한층 익숙하고 친근했다. 일본술의 대세가 도부로쿠에서 보다 고급한 세이슈로 전환한 때가 대략 18세기이다. 동시대 조선 사람들은 초량 왜관을 통해 일본에서 니혼슈의 대표자로 막 떠오른 사케를 접했다. 그 풍미에도 금세 적응했다.

옛 조선과 일본이 음식 문화를 주고받는 통로로는 역시 왜관이 으뜸이었다. 왜관에 관한 방대한 조선과 일본의 기록 속에는, 또한 방대한 음식 교류 기록이 남아 전해온다. 기록에 따르면 조선 사람들은 나베, 스키야키, 가마보코, 오뎅 등을 즐겼다. 일본 사람들은 참기름, 육포, 엿, 떡 등에 환호했다. 주거니 받거니가 문화 교류의 기본이다. 조선 사람들이 일본 사람에게 건넨 술 가운데 으뜸은 소주였다. 그 밖에 죽력주, 이화주, 오홍로 등도 일본인에게 전해지고, 대체로 일본 청주, 곧 세이슈가 조선 사람에게 전해졌다. 이 주고받기는 워낙에 자연스러웠다. 세이슈에 오뎅이 제격이라면, 가령 소주에 찌개는 어떤가. 18세기 왜관에서 근무한 일본인 통역관 오다 이쿠고로小田幾五郞, 1755~1832는 자신이 쓴 책 〈통역수작通訳酬酢〉에 채소를 곁들인 생선 매운탕에 소주 한 잔을 함께한 모습을 담기도 했다.

1876년 이후 일본 주류 수입의 폭발에는 이유가 있다. 조선인에게 익숙한 쌀 원료의 풍미를 먼저 생각해볼 수 있다. 일부 계층이 일본 청주에 이미 적응해 있었던 점도 중요하다. 상대적으로 고품위 주류로서 도수가 낮은 점도 떠오른다. 게다가 조선산 술은 아직 산업에 진입하지 못한 때였다. 절대적인 생산과 공급, 안정적 품질에서 아무래도 일본산 술에 뒤질 수밖에 없었다. 이를테면 19세기 이후 영제국 면직물이 인도의 전통적인 면직

생산을 먹어들어 간 경우와 별로 다르지 않다.

더 이상 유쾌한 문화 교류는 없다. 특히 '마사무네^{正宗}', 곧 '정종'이 낀 일본산 청주가 조선의 술 시장을 석권했다. 참고로 정종^{正宗}은 원래는 불교 용어로, 달마대사의 정통을 이어받은 선종의 흐름을 가리키는 말이다. 이후 학문과 예술 또는 기술의 정통성을 가리키는 말로 뜻이 넓어졌다. 한국학중앙연구원 주영하 교수에 따르면 마사무네 상호의 유래는 고베의 야마무라주조^{山邑}^{酒造}의 상표에서 유래한다고 한다. 이들은 사쿠라마사무네^{桜正宗}라는 상표를 등록한 회사고, 그 자회사를 마산에 설립해 조선에서 사케를 생산하기도 했다. 마사무네의 위세는 오늘날 한국어에도 그 흔적을 남기고 있다. 조선인에게 가장 익숙한 일본식 청주, 사케는 '정종'이라는 상호명으로 먼저 다가왔다. 오늘날에도 한국인은 사케와 청주와 정종을 별 생각이 없이 뒤섞어 쓸 정도다.

한편 기쿠마사무네^{菊正宗} 또한 빠뜨릴 수 없다. 공식 사사에서 1659년 창업을 내건 기쿠마사무네는 1830년대에 일본 최대의 생산량을 기록했으며 1877년 일본사상 최초로 영국에 수출을 시작하면서 '사케^{Sake}'를 영어권에 알렸다. 기쿠마사무네는 예부터 오늘날까지 깔끔하게 똑 떨어지는, 이른바 '드라이'한 풍미의 사케를 자신들의 정체로 내세우고 있다.

경성역 스탠드바에 등장한 겟케이칸은 오늘날 한국인에게 가장 익숙한 상호일 것이다. 1637년 창립을 내세운 겟케이칸은 1901년 하와이 수출을 시작해 1989년부터는 미국 캘리포니아에서 생산을 시작했다. 캘리포니아산 겟케이칸은 미국, 유럽은

물론 한국까지 유통이 되고 있다. 상표를 자세히 들여다보라. 생산지에 교토가 아니라 캘리포니아를 박은 겟케이칸을 발견할 수도 있다. 조선에서는 1942년 충청북도 청주에 공장을 세워 제품을 생산한 바 있다.

하쿠쓰루도 만만찮은 회사이다. 1743년에 창업해 1747년부터 '하쿠쓰루'라는 상호를 쓰기 시작했고 1900년 파리만국박람회에 사케를 내놓으며 유럽의 문을 두드린 바 있다. 쌀알을 절반 이상 도정해 빚은 최고급 사케인 다이긴조슈에서부터 차례로 그 아래 등급이라고 할 수 있는 긴조슈, 준마이슈, 나마초죠슈 등의 관리와 산업화에 일찍 눈뜬 회사이자 1935년 경성에 지점을 개설할 정도로 조선에도 공을 들인 회사이기도 하다.

이뿐만 아니었다. 사쿠라마사무네가 들어온 마산만 해도 열 곳 이상의 사케 양조장이 있었다. 아니, 전국에 마사무네가 다 있었고, 조선어 언론도 어느새 일본주와 청주를 뒤섞어 쓸 정도로 소주와 막걸리 계통을 제외한 청주 계통은 어느새 일본식 제법과 풍미가 조선의 청주 문화를 압도해버린 면이 있다. 가만히 들여다본다. 기쿠마사무네 창업 1659년, 겟케이칸 창업 1637년, 하쿠쓰루 창업 1743년. 오래 전에 이루어 오늘까지 역사를 이어왔다. 그냥 이어온 것이 아니라 전국 유통 경험 이후 해외 유통으로 뻗어나갔다. 창업 이후 시기마다 산업화의 급소에 파고든 갱신의 역사가 곧 유산이고 자산이다. 시나브로 남의 나라 일상에 파고들어 아직도 그 흔적을 남기고 있다.

소주 한 병의 풍경

"처음 소주 마시고, 고등학생 때, 그땐 '쏘주'라고 그랬는데, 와, 이게 뭔 말도 안 되는 맛이냐! 솔직히 맛이 '지랄' 같았어. 그래도 친구들 있는데 '쎈 척' 해야 하니까 그냥 마셨지."

또래 사내의 소주 경험담을 듣는 동안 '나도 그랬지' 하면서 웃음이 샌다. 지구 어디에든, 어느 민족에게든, 청춘의 '생애 첫 술'이 있게 마련이다. 가령 할리우드 청춘영화에 빠지지 않은 이미지가 있다. 세상 무서울 것 없는 청춘남녀가 도로가 떠나가라록 음악을 키운 채 머스탱을 내달린다. 파티에 다다르면 함지만 한 볼 속에서 오렌지 빛 마실거리가 찰랑거린다. 분위기가 달아오를수록 몸도 달아오른다. 달아오른 몸에 다시 불을 붙이는 마실거리는 볼 속의 스크루드라이버$^{\text{screw driver}}$이다. 제법을 고민할 필요가 없다. 보드카에 오렌지 주스를 뒤섞는 것으로 그만이다. 비율은? 독자여, 정답을 찾지 마시라. 파티의 불타는 청춘이 숙련 바텐더에게 문의해 제법의 전통을 세웠을 리가 없지 않은가. 1대 1이든 7대 3이든, 취하고 싶은 대로고 분위기 대로다. 오렌지 주스의 빛깔과 향과 단맛이, 폭렬하는 보드카의 야성을 마술처럼 감춘다. '블랙아웃'이나 '행오버', 그리고 내일의 숙취는 처음부터 고려할 사항일 수가 없다.

1980년대 말 이후 한국인의 생애 첫 술, 청춘주로 자리잡은 술은 단연 소주다. 1960년대 말 화학공업의 성장과 함께 값싼 주정의 공급이 더욱 늘어나면서, 소주는 막걸리를 밀어내고 대중주의 대표 자리에 오른다. 싸고 흔하고, 기억하기 쉬운 풍미를 지닐 것. 소주는 대중주의 조건을 충족했고, 청춘은 맥주를 선망하면서도 고만고만한 청춘끼리 모여서는 소주를 들이켰다.

주정이란 물을 타 마실 수 있는 에탄올을 말한다. 에탄올을 바로 마실 수는 없다. 물을 타 도수를 낮추어야 한다. 그런데 주정에 물을 타면 탈수록 쓴맛은 증폭된다. 감미료 등 조미료를 타지 않을 도리가 없다. 투명하면서도 달달한, 서민대중과 청춘의 술 희석식 소주는 에탄올과 물과 감미료가 만난 결과이다. 원래 한국의 소주란 곡물 원료 발효주를 증류해 얻은 고도의 증류주를 가리킨다. 그러다 일제 강점기에 들어 주정에 물과 감미료를 섞어 만드는 희석식 소주의 역사도 시작되었다.

유명한 진로 브랜드가 평안남도 진천에서 태어난 해가 1924년이다. 쉽게 말해, 참이슬이니 처음처럼이니 대선이니 하는 소주가 희석식 소주이다. 문배술, 안동소주 등이 본래 의미의 증류식 소주이다. 일본에서는 전통적인 증류식 소주를 '본격소주本格燒酒, 혼카쿠쇼츄'라 일컬어 희석식 소주와 구분한다.

감미료로 덮었지만 쓴맛은 올라온다. 웬만한 주당이라도 처음에는 "이 쓴 걸 왜 마시나" 했다는 이야기를 흔히 한다. 약 먹는 줄 알았다고도 한다. 그러고도 막 청춘에 진입한 사람을, 소주는 끝없이 유인한다. 만만하게 보이는 데에는, 심지어 빛의 왜곡에 따라서는 병 속에서 영롱해 보이기까지 하는 데에는, 한 손에 꼭 들어오는 잔에 폭신 담긴 무색의 투명함이 한몫하리라. 또 다른 지인의 소주 경험담은 이렇다.

"투명하니까 예쁘게 보였고 맛도 그러려니 했지. 투명한 만큼 순수하고 깔끔할 것이다? 예상이 오해였어. 잔을 입에 갖다 댔는데 일단 너무 써! 이거 뭔가 싶어 코를 갖다 댔다가, 으웩! 했다니까. 화공약품? 뭐 그런 느낌. 그런데 취해서 물처럼 마시게 될 때, 그때부터는 달아. 맵고 양념 찐득하고 짙은 음식을 부르는 단맛. 얼른 김치찌개 같은 걸 떠 넣었지. 내 기억에 소주 맛은 쓰면서 달았어."

올라오던 쓴맛이 꺾이고 나면, 소주는 한국인 일상의 음식을 끌어당긴다. 찌개에서 떡볶이, 튀김에서 구이, 회에서 치킨, 보쌈에서 제육볶음에 두루치기까지, 설렁탕에 돼지국밥에 추어탕, 감자탕에 닭도리탕까지, 소주는 가리지 않는다. 더구나 기름지

거나 무거운 음식일 때, 소주는 배는 덜 부르고, 살짝 몸을 데우면서, 부담 없는 소화제 노릇까지 한다.

현행 주세법에 따르면 어떤 음료라도 알코올분 1도가 되면 술로 취급해 주세법의 적용을 받는다. 1도가 이렇게 무서운데 1924년 처음 세상에 나온 진로 소주는 35도로 출발했다. 적어도 알코올분에서는 증류 소주와 맞잡이가 될 만한 조성이었다. 이윽고 1965년이 되어서야 진로 소주는 30도로 낮아진다. 소주가 약진한 1973년에는 25도까지 낮아졌다. 1980년대를 지나 막걸리를 완전히 젖힌 소주는 1990년대를 지나면서는 본격적으로 도수 낮추기 경쟁을 시작해 2004~2006년 사이에는 브랜드끼리 21도, 20도 싸움을 벌였다. 오늘날에는 19도에서 17도에 이르는 눈치 보기가 이어지고 있다.

일선의 연구자, 그리고 주류 전문가에 따르면 17도 선이 붕괴되면, 소주는 소주다운 속성을 더는 지킬 수 없다고 한다. 세심하게 감각하면 20도 아래서는 보다 기분 나쁜 단맛이 올라온다는 전문가의 관능평가도 있다. 주당들이 굳이 '빨간 뚜껑'을 찾는 데에는 이유가 없지 않다. 아무려나 1924년 이래 경험으로 실험하고 매일 연구실에서 관능평가를 거쳐 만든 최적화된 조성, 평균치의 범용성, 그리고 와인보다는 짙고 보드카보다는 확실히 옅은 알코올분의 마법 덕분일 것이다. 이러니저러니 해도 한국산 소주는 최근 국제 주류 유통 통계에서 '세계에서 제일 많이 팔리는 증류주The World's Best Selling Spirits'로 통한다. 주정도 증류의 산물이니까 그렇게 말할 수 있다. 스미르노프 보드카는 몇 해째

판매량에서 한국 소주에 한참 밀린다. 알파벳으로 'Jinro Soju', 'Chum Churum'로 표기되는 두 브랜드는 국제 유통의 최전선에서 그 지위가 확고하다.

"지금은 희석식 소주는 잘 안 마셔. 특히 20도 아래로 내려간 뒤로는 더해. 도수든 맛이든 풍미든, 굳이 희석식 소주를 마셔야 할 이유가 사라졌어."

이 또한 소주 한 병의 풍경이다. 희석식 소주의 도수가 확 내려가자 증류식 소주의 관능이 부각되는 면도 있다. 문배술이나 안동소주를 증류식이어서 진짜 소주로 인식하는 사람들은 "희석식 소주가 독해서 싫은 게 아니었다"고 자신의 감각을 설명하기도 한다.

독해도 증류식 소주가 입에 목에 착착 감긴다는 것이다. 제대로 된 증류식 소주를 맛본 이들은 고도주가 목을 간질이는 질감, 곡물 등 원료에서 비롯한 기분 좋은 풍미에 단박에 빠져든다고 입을 모은다. 식품공전이나, 주세법으로나 희석식이든 증류식이든 소주가 아닌 것은 아니지만, 마시면 마실수록 이 둘이 그냥 다른 범주의 술이라고 느껴진다는 사람들도 늘어나고 있다. 아예 종이 다르다고 인식하는 셈이다.

좋은 원료로 잘 내린, 게다가 증류주다운 야성이 살아 있는 알코올의 기운 또는 기세를 유지하는 증류식 소주에서 위스키, 브랜디 등의 관능을 유추하기는 어렵지 않다. 어느 쪽이 더 낫고 못 하다기보다, 원료와 공정의 차이가 최종적인 관능의 차이를 만든다는 점이 분명해지고 있다. 증류식 소주는 증류식 소주대로 또 다른 평가를 받는 중이다.

> "마음 편안해지고 조금 수다스러워지는 그 순간의 취기가 좋아서 마시지. 그냥 아무 반찬이나 놓고 빨간 뚜껑 따서 석 잔. 다 못 마시면 뚜껑 닫아 냉장고에 넣지."

누가 뭐래도 아무 반찬이나 하나 있으면 그만이다. 김치 쪽에든 멸치볶음에든 두부조림에든 잘 받는다. 1980년대 이후 더 많은 한국인들이 슬플 때나 기쁠 때나 힘들 때나 바로 곁에 있는 바로 그 소주를 찾았다. 증류식, 희석식 하는 인식은 나중에 왔다. 아버지 세대 서민의 애환, 그리고 동시대 청년의 고민과 정서가 앞서는 술이 소주이다. 함께 모인 청년다운 야성의 폭발의 순간에, 시대를 통과하는 고통과 번민의 순간에 소주가 함께였다. 값싼 소주는 급히 달려온 위로와 같았고 막힌 정서의 비상구 노릇을 맡았다. 도수 낮추기 경쟁이 거꾸로 소주 본연의 정체를 되묻는 기회를 마련하고, 값싼 술을 마구잡이로 퍼마시기가 청년다움일 수 있느냐 하는 질문까지 끌어내지만, 그 해답은 쉬이 나올 것 같지 않다. 희석식 소주는 여전히 '청년주' '서민주' 노릇을 하는 동시에 한국 밖에서는 또 다른 소주 문화를 만들고 있다. 본연의 소주는 그것대로 위스키, 브랜디, 럼, 그라파, 데킬라, 그리고 일본산 고급 증류 소주 등을 바라보며 갈 길을 고민하고 있다.

겨울이 깊어가는
대설

 한 해 고생한 농민에게 그래도 쉴 틈이 나는 때. 다듬이 소리, 글 읽는 소리, 갓난아이 울음소리가 일상에 활기를 보태는 때. 별미를 맛보며 다음해를 기약하고 살림과 교육을 함께 돌보는 때. 이때가 대설이다.

 대설^{大雪}은 24절기의 하나로 소설^{小雪}과 동지^{冬至} 사이에 든다. 이때는 태양의 황경^{黃經}이 255도에 이른 때로 태양력으로는 12월 7일이나 8일쯤에 돌아온다. 황경이란 태양이 춘분^{春分}에 지나는 점인 춘분점^{春分点}을 기점으로 하여 황도^{黃道}에 따라 움직인 각도를 말한다. 황도^{黃道}란 태양의 둘레를 도는 지구의 궤도가 천구^{天球}에 투영된 궤도를 말한다. 천구의 적도면^{赤道面}에 대하여 황도는 약 23도 27분 기울어져 있으며 적도와 만나는 두 점을 각각 춘분점, 추분점이라고 한다. 이 황경이 0도일 때가 춘분이며, 15도

간격으로 24절기의 날짜가 구분된다.

전통 사회의 일상 감각으로는, 입동入冬은 바야흐로 겨울이 다가오는 때다. 소설은 본격적인 겨울의 시작, 대설은 한겨울이다. 이윽고 동지가 되면 한해가 이울었다는 느낌이었다. 이 시기 한반도의 들판에 반드시 눈이 펑펑 내려 쌓이지 않을지라도 산골이라면 잠깐 내린 눈마저 얼고 쌓이게 마련이다. 이 즈음 실제 강설량, 적설량이 어떻든 사람들 마음속에는 물 마르고, 얼어붙고, 눈 쌓인 계절에 대한 걱정이 깃든다. 아울러 그 계절을 잘 나야겠다는 다짐도 하게 된다.

정학유丁學游, 1786~1855의 〈농가월령가〉 가운데 "11월령"의 첫 구절은 대설 즈음 사람들이 느끼는 계절 감각을 잘 드러낸다. "십일 월은 중동仲冬, 한겨울이라 대설동지大雪冬至 절기로다 / 바람 불고 서리 치고 눈 오고 얼음 언다." 바람, 서리, 눈, 얼음으로 요약되는 이때는 농민과 서민대중이 한 해의 결산을 하는 때이기도 했다. 춘궁기에 관청에서 꾼 곡식의 상환, 세금과 소작료 내기, 그리고 일꾼에게 줄 품삯과 빚에 대한 결제는 음력 11월에 반드시 마무리하려 했다. 그러다 보니 아등바등 한 해 내내 지어 갈무리한 곡식이 어느새 야금야금 이 구멍 저 구멍으로 빠져나갔다. 고물가 저임금 시대를 사는 현대 한국인들은 '월급은 월급날을 스쳐지날 뿐'이라고 자조하곤 하는데, 〈농가월령가〉에도 비슷한 표현이 있다. "엄부렁하던 것이 남저지 바이없다." 곧 "갈무리한 곡식이 처음에는 많아 보였지만 여기저기 갚다 보니 남은 것은 거의 없다"라는 뜻이다. 그래도 "콩나물 우거지로 조반석죽朝飯夕

粥 다행이다"라고 읊을 여유는 있었다. 그래도 봄여름가을보다는 끼니 걱정이 덜했다. 또한 물 마르고 땅이 얼어 농한기가 돌아오니, 역설적으로 여가마저 넉넉했다.

정학유와 동시대를 산 김형수金逈洙는 〈농가십이월속시農家十二月俗詩〉에서 음력 11월을 이렇게 읊었다. "누가 알랴 낟알마다 피땀 어린 곡식 / 꿀벌처럼 모았으나 도리어 다른 사람이 가져간다네"63. 그래도 사람 입에 거미줄 치는 춘궁기는 아니었다. 한 해의 결산을 마친 휴식의 시간 아닌가. 여가 때문에 군것질 생각은 더욱 간절했다. "몸은 비록 한가하나 입은 궁금하네"64라는 한마디에도 그 시절 옛사람들의 또 다른 생활 감각이 드러난다.

대설과 동지가 든 달에 반드시 해야 할 일, 그 일을 하지 않으면 다음해의 살림살이가 불가능해지는 만큼 무슨 일이 있어도 할 일이 있다. 장 담그기의 시작, 메주 쑤기이다. 메주 쑤기는 더구나 한 가정의 살림살이를 맡아 꾸려 가는 주부主婦가 반드시 책임을 져야 할 큰일이었다. 입식粒食 문화에서 장이 없으면 밥을 제대로 먹을 수가 없다. 식생활이 무너진다. 〈농가월령가〉는 "부녀야 네 할 일이 메주 쑬 일 남았도다" 하고 주부를 격려했다. 〈농가십이월속시〉는 이렇게 읊었다. "그렇지만 콩 삶고 절구에 찧어 / 메줏덩이 볏짚으로 매달기 안 할 수 없지"65. 이렇게 메주를 쑤고 모양을 잡아 볏짚에 묶어 매달면, 햇빛 받고 바람을 맞

63 誰知粒粒辛苦穀, 如蜂釀蜜還属彼
64 身是雖閒口是累
65 雖然醬菽蒸且舂, 捻塊盦藁不可廢

고 볏짚의 고초균[枯草菌, Bacillus subtili]까지 스며들며 메주가 익어간다. 이 메주를 소금물에 띄우고 약 두 달이 지나면 장이 익어 맛이 든다.

김장은 대체로 입동과 소설이 낀 음력 10월에 했지만 지역과 기후에 따라서는 음력 11월까지 이어지기도 했다. 정학유와 김형수의 시대에는 무 못지않게 배추가 중요한 김장 재료로 떠오르던 때다. 고추, 마늘, 생강, 파, 청각 등 기본 양념거리도 문헌에 등장한다. 뿐만이 아니다. 젓국을 냉수에 타서 국물을 부어 담근 젓국지, 채소를 장에 박아 익힌 장아찌도 김장김치와 함께하는 별미로 등장한다. 이렇게 마련한 김치 및 기타 저장 식품은 항아리, 중두리, 바탱이 등 저마다 제 역할이 있는 용기에 담아 간수했다.

김치 뒤로 별미 음식이 따라온다. 홍석모 또한 〈동국세시기〉에서 "겨울 김장[冬菹]은 사람들이 한 해를 보내기 위해 미리 준비해야 할 중요한 일"이라고 했다. 이 김장이 음력 11월 한겨울에 잘 익으면 국수도 한층 맛이 난다. 〈동국세시기〉는 이렇게 기록했다. "메밀국수를 무김치와 배추김치에 말고 돼지고기를 썰어 넣은 것을 냉면이라고 한다. 또 잡채와 배, 밤, 쇠고기, 돼지고기 등을 썰어 넣고 기름간장을 쳐서 메밀국수에 비빈 것을 골동면[骨董麵, 비빔국수]이라고 한다. 평안도 국수가 제일 좋다."

홍석모에 따르면 서울에서는 음력 11월에 새우젓국을 깔아앉히고, 무, 배추, 마늘, 생강, 고추, 청각, 전복, 소라, 굴, 조기 등 다양한 재료를 더해 김장을 했다. 무, 배추, 미나리, 생강, 고추로 장아찌를 담그기도 했다. 무 가운데 작은 놈으로는 겨울 동치미를 담갔다. 이에 앞선 대설 전 음력 10월의 겨울의 별미 만두로는 "멥쌀피만두, 꿩고기만두, 김치만두[菹菜饅頭]"가 있었다. 홍석모는 "그 가운데 김치만두가 가장 무던한 이 계절의 음식"이라고 했다.

이는 농한기라야 그래도 마음을 놓고 할 수 있다. 농번기에 탈각과 제분을 하고, 또 체질까지 해 가루를 받을 여유가 어디 있겠는가. 그래도 마음먹고 햇메밀가루를 내 맛있는 냉면 사리를 뽑을 만한 때가 이때다. 맛있게 익은 김치, 차갑고도 개운한 동치미 등 냉면을 빛내는 다른 식료도 이때 막 맛이 드는 판이다. 고기는 어떤가. 냉장냉동 장치가 시원찮은 옛날, 안심하고 오래 고기를 유통, 보관할 수 있는 때가 또한 이 즈음이다.

또 다른 맥락도 있다. 전 세계적으로 대량 공급되는 사료가 없던 전통 시대에는 농가 한 집에서 돼지 몇 마리 칠 사료를 확보하기가 쉽지 않았다. 꿩이든 돼지든 기르기보다 사냥하는 편이 경제적이었다. 사냥은 언제하는가. 동서를 막론하고 부자와 권력자는 날씨 좋은 때 놀이삼아 사냥을 다녔지만, 서민대중과 농민은 주로 농한기에 사냥을 나가는 수밖에 없었다.

겨울은 사냥에 유리한 계절이기도 하다. 눈에 발이 빠진 꿩은 낚아채기만 해도 된다. 멧돼지는? 산중에서 범, 표범에 버금가는 맹수인 멧돼지라도 눈밭에서는 기동력이 떨어질 수밖에 없다. 조선 후기 총을 지닌 사냥꾼은 겨울에 훨씬 유리한 조건에서 멧돼지를 상대했다. 다른 수도 있다. 위험하게 성체를 상대할 것 없이, 총소리와 불꽃과 화약 냄새로 성체를 멀리 쫓아버리고 새끼돼지를 주워 가도 그만이다. 시장에서는 다 큰 돼지보다 연하고 부드러운 새끼돼지의 고기가 더 인기가 있었을 것이다.

조선 시대의 제주산 감귤은 겨울에 본격적으로 서울까지 올라왔다. 홍석모는 수정과도 이때 맛있는 음료라고 했다. 김치, 만두, 국수, 고기, 과일, 음료가 저마다 맛날 때였고, 이 관념과 관습이 오늘날에 한국인의 심성에 살아 있다. 겨울 별미로 동치미를 찾고, 냉면을 찾고, 수정과를 들이켠다. 김장김치는 만두, 국수, 부침개, 찌개 등등에 두루 맛을 더한다. 겨울밤에 노랗게 익은 감귤을 까먹으며 대화를 나누거나, 감귤을 옆에 놓고 좋아하는 책을 읽는 경험은 오늘날의 한국인 누구에게나 익숙한 것이다.

일손이 부족해도 할 수 없으며, 너무 더워도 할 수 없는 또 다른 음식으로 두부가 있다. 의례나 잔치에 없으면 섭섭한 음식이되 역시 해 먹자면 겨울이 편안했다. 두부는 완전히 엉기기 전에 먹는 순두부와 틀이나 자루에서 수분 뺀 일반적인 두부가 있다. 수분 빼기에 따라서 질감도 풍미도 많이 달라진다. 보존을 위해서 말리는 방법이 있는데 겨울에는 얼리기도 했다. 한겨울, 바람 맞기 좋은 데, 지붕에다가도 두부를 두고 얼리기도 했다. 수분은 빠지고, 조직은 단단해지면서 얼린 두부는 독특한 질감이 감돌게 마련이다.

재미난 조리법으로 19세기 한글 조리서 〈주식방문酒食方文〉에 실린 '저육양방猪肉良方'이 있다. 생돼지고기를 주사위 모양으로 썰어 기름에 볶다가 젓국에 끓인다. 여기다 두부를 썰어 넣고, 두부가 부풀도록 한소끔 더 끓여 완성하는 방식이다. 돼지고기의 풍미가 젓국을 만나 강화되고, 표면이 터진 두부가 은근한 구수함을 더한다. 역시 고기와 두부가 맛날 때 더 맛나게 완성될 음식이다.

　수산물도 풍성해진다. 통영, 해주 앞바다에서 난 청어, 전복, 대구가 조선 최대의 소비지인 서울을 향해 한강 하구로 모여들고 왕실에서는 겨울을 난 청어를 종묘에 올린다. 서울의 고위 관리, 양반들도 청어를 가지고 조상에게 천신의 예를 갖추었다.

　또 다른 겨울의 생선으로 방어가 있다. 이미 〈조선왕조실록〉 "세종실록"에 방어가 대구, 연어와 함께 함경도, 강원도에서 가장 많이 잡히는 물고기로 기록되어 있다. 이보다 300년도 더 지난 기록인 서유구徐有榘, 1764~1845의 〈난호어목지蘭湖漁牧志〉에 따르면 당시만 해도 방어는 조선 연안 어디서나 잘 잡히는 물고기였다. 6~7자나 되는 방어도 흔했고, 동해안에서는 길이가 한 길이 넘고 둘레는 열 아름이나 되는 방어도 났다고 한다. 방어는 역시 특유의 생선기름이 풍부하다. 함경도 어민들은 방어를 잡아 기름을 받기도 했다.

　17세기의 한글 조리서인 〈음식디미방〉은 항아리 하나에 소금 두 되를 비율로, 방어를 썰어 방어젓을 담는 방법을 소개하고 있다. 〈시의전서〉에는 방어젓으로 젓국을 만드는가 하면 찜, 구이, 국으로도 방어를 먹는다고 했다. 싱싱한 방어를 구할 수 있는 곳에서 방어를 맛나게 먹는 방식은 염장이다. 붉은 빛을 뽐내는 방어의 살을 포로 뜬다. 이를 항아리에, 켜켜이 소금을 질러 가며 쟁인다. 막 소금이 닿으면 닿은 대로, 소금이 점점 살에 침투하면 침투하는 대로 그 질감과 맛과 풍미가 다 다르다. 이를 구우면 잊지 못할 별미가 된다. 겨우내 항아리에서 소금과 생선의 단백질과 지방이 만나 시간이 갈수록 맛이 든다. 숙성되며 미묘하게 변하는 맛을 섬세하게 감각하며 먹는 즐거움이 또한 대단하다.

오로지 먹고 노는 계절만도 아니다. 농한기란 서민대중과 농민의 자녀가 교육을 받는 때이기도 했다. 김형수는 음력 11월을 "어린이는 글 읽고 아이는 말 배우는^{長兒讀書幼學語}" 때라고 했다. 농한기 마을에는 다듬이 소리, 글 읽는 소리, 갓난아이 울음소리가 더 크게 울려 퍼졌다. 향촌의 보통 사람들은 이 세 가지 소리를 들으며 삶의 기쁨, 일상생활의 보람을 느꼈다. 나와 마을이 살아 있음을 실감했다. 이때는 독서의 계절이기도 했다. 농민은 농민대로, 자신들이 재미있게 여긴 이야기책을 베끼고 또 돌려 읽으면서 긴 겨울밤을 지냈다. 농업 기술서에 파고드는 사람도 있었다.

어느 마을에 훈장님이 있는가
어떤 이는 이야기책을 베끼고, 어떤 이는 농서를 읽는구나[66]

---

66 何村冬烘先生在, 或抄兎冊看牛經

갈무리한 곡식이 세금이며 영농비용으로 빠져나가고, 조반 석죽으로 절제하며 지내야 하지만, 사람들은 한 입의 별미로 자신을 위로하고 격려했다. 낙심하지 않고 다음 해를 준비했다. 내 흥미에 따라, 내 필요에 따라, 책을 베껴 간직하고, 보다 깊은 독서도 했다. 보통 사람들의 재미난 이야기 베껴 쓰기와 돌려 읽기는 문학과 대중문화의 가장 오래된 바탕이다. 일하는 사람이 책에 파고들면서 세상에는 교양이 쌓인다. 아이들은 책 읽는 어른들로부터 말과 글을 배우며 자랐다. 겨울이 이렇게 깊어갔다.

새봄을 기다리는
동지

동지^{冬至}가 든 달이 동짓달이다. 곧 음력 11월이다. 동지는 24절기 가운데 대설과 소한 사이에 자리한 스물두 번째 절기로 춥디추운 한겨울에 돌아온다. 동지는 양력으로는 태양이 동지점을 통과하는 때인 12월 22일이나 23일경이다. 동짓달은 지월^{至月}이라고도 한다. 동지, 지월의 '至'는 '끝까지 가다' '극점^{極点}에 다다르다'의 뜻으로 태양이 적도에서 가장 멀리 떨어졌음을 뜻한다.

북반구에서는 동지에 낮이 가장 짧고 밤이 가장 길다. 뒤집어 말하면 동지를 지나면서 시나브로 하루 중 낮이 밤보다 더 길어지기 시작한다. "동지 지나 열흘이면 해가 노루꼬리만큼씩 길어진다"라는 한국 속담이 이를 가리킨 것이다. 음력의 동지 무렵도 양력 12월도 마찬가지이다. 음력을 쓰던 사람들이나 양력을 쓰던 사람들이나, 이때를 어둡고 답답한 겨울에서 생명 움트는 새봄으로 건너가는 다리로 여겼다. 그러니 동지에 잇닿은 세시 풍속이 전해 내려옴은 동서양을 가릴 것 없다. 서구의 크리스마스며 할로윈데이가 한 예이다. 동지를 즈음해 무사히 겨울을 나고, 어서 태양의 부활을 맞기를 바라며 벌이던 옛날 의식에서 크리스마스, 할로윈데이의 유래를 찾기도 한다.

동아시아에는 중국 송宋 나라 11세기 이래 동지의 한밤중에, 얼어붙은 땅속에 움츠렸던 '양陽'의 기운이 이 세상에 나온다는 관념이 있었다. 양은 밝음과 생명을 상징한다. 아울러 동지가 실제 새해 첫 날이 된다는 감각이 있었다. 물론 달력의 새해 첫날은 1월 1일이지만 한문 문화권에서는 동지를 '아세亞歲', 곧 '공식적인 새해 첫날에 버금가는 날'로 여기기도 했다. 아세를 한국어로 읽으면 '작은설'이다.

그래서 동지에는 달력을 주고받았다. 사람들 머릿속에서 새해는 시작됐고, 막 달력의 1월 1일이 다가오니 달력만한 선물이 어디 있겠는가.

길거리에서 들리나니 새해 달력 파는 소리[67]

고려 사람 이곡李穀, 1298~1351이 남긴 한시 〈동지冬至〉의 한 구절이다. 동지는 달력 장수가 거리에서 외치는 '달력 사시오' 소리에 새해가 떠오르는 날이었다.

67 聽取街頭売新曆

동지의 새 달력 풍속은 조선 시대에도 이어졌다. 홍석모의 〈동국세시기〉에 따르면 정부에서는 동지까지 새해 달력 제작을 완료하고, 그 달력을 관리에게 나누어주었다. 관리들은 다시 친지들에게 달력을 나누어주었다. 달력 주고받기는 시골사람, 묘지기, 농민, 소작인 등 서민들에게도 미친 풍습이었다. 동지에 달력을 주고받는 풍습은 막 닥칠 더위를 바라보며 단오에 부채를 주고받는 풍속과 더불어 '하선동력夏扇冬曆'이라는 말이 붙을 만큼 일반적인 연중행사로 자리를 잡았다. 이는 오늘날 한국에도 이어지고 있다.

조선의 남쪽 끝 제주에서는 동지에 감귤을 서울 조정에 올려보냈다. 감귤의 화사한 빛깔과 상큼한 풍미는 한겨울의 답답함을 풀어주었다. 한편 궁중 의료기관인 내의원內醫院에서는 전약煎藥이라는 고급 과자를 만들어 임금에게 바쳤다. 임금뿐 아니라, 높은 관리와 서울 부자들도 전약을 해 먹었다. 전약은 소가죽을 고아 받은 젤라틴에다 꿀, 계피, 생강, 정향, 후추, 대추고膏, 대추를 고아 그 당분과 풍미를 농축한 과자 재료를 섞어 끓인 뒤 굳혀서 만들었던 듯하다. 동물 단백질로는 건강을 일깨우고, 단맛과 향신료의 풍미로 청량감을 일깨우니 또한 동지와 어울리는 음식이라고 하겠다.

한편 농민 생활 속 동지는 어땠을까. 정학유는 〈농가월령가〉에서 동짓달 음력 11월은 한마디로 "바람 불고 서리 치고 눈 오고 얼음 언다"고 하면서, 그래도 "동지는 좋은 날"이라고 했다. 양陽의 기운이 생기기 시작하니까. 앞서 살펴본 것과 다름없는, 매서운 겨울에 새봄을 기다리는 마음은 농촌에서도 마찬가지이다. 정학유는 다시 노래한다. "시식時食으로 팥죽 쑤어 이웃과 즐기리라"라고. 그러나 농한기라고 마냥 손을 놓고 있을 수는 없다. 양식 갈무리를 마쳤다면 이제 여성은 길쌈에 나서야 한다. 정학유는 여성에게는 "등잔불 긴긴 밤에 길쌈을 힘써 하소" 하는 당부를 하고, 자신과 같은 남성에게는 "늙은이 일 없으니 기직이나 매어 보세" 하고 다짐했다.

"겨울밤이 길다 해도 내 새끼끈만은 못하다"라는 속담은 이 즈음의 농촌 생활을 잘 나타낸다. 한겨울의 밤이 아무리 길다 해도 동지섣달에 농민이 꼰 새끼의 길이만큼은 못하다는 말이다. 농기구는 놓았으나 농사와 일상생활에 반드시 필요한 옷감 및 부재는 이때 반드시 마련해야 한다. 새봄이 오면 달리 틈이 없다. 농촌의 동짓달은 여성 농민의 길쌈과 남성 농민의 자리 짜기, 그리고 새끼 꼬기가 한창인 때였다. 그래도 이 즈음 농가에는 베틀 소리와 함께 아이들 글 읽는 소리가 울렸다. 한 해 농사를 갈무리하고, 어른들은 다음 준비를 하는 가운데 아이들은 무럭무럭 자랐다. 〈농가월령가〉는 어른의 노동과 아이들의 정경이 함께하는 동짓달을 이렇게 노래했다.

> 베틀 곁에 물레 놓고 틀고 타서 잣고 짜네
> 자란 아이 글 배우고 어린아이 노는 소리

춥고 움츠렸지만 거두어 갈무리한 식료가 있는 즈음이다. 이때를 대표하는 음식으로 팥죽이 있다. 정학유가 노래한 대로 팥죽은 이 즈음 이웃과 함께 즐길 만한 별미였다. 앞서 인용한 이곡의 시 〈동지〉는 이웃 사람이 팥죽을 보내며 문을 두드리는 바람에 자다가 깼다는 구절로 시작한다. 그러고 보면 동지팥죽은 정말 오랜 풍속이다. 조선의 학자 유득공이 남긴 〈경도잡지〉에는 이런 기록이 있다.

> 이날 팥죽을 쑬 때 찹쌀가루로 새알 모양을 만들어 죽에 넣고 먹을 때 꿀을 탄다. 팥죽을 문짝에 뿌려 나쁜 기운을 물리친다.

〈동국세시기〉는 이를 다시, 보다 자세히 썼다.

> 동짓날을 아세라고 하여 팥죽을 쑨다. 찹쌀가루를 쪄 새알 모양으로 만든 떡을 팥죽 속에 넣어 심을 삼는다. 여기다 꿀을 타 시절음식으로 먹으며 차례에도 쓴다. 팥죽 물을 문짝에 뿌려 액을 막기도 한다.

팥죽은 팥으로만 쑤기도 하고, 팥을 퍼지도록 삶은 뒤 쌀이나 쌀가루를 더해 쑤는 등 집집마다 저마다의 방식이 있다. 이채로운 점은 동지에 먹는 팥죽에 꿀을 타 단맛을 올리는 방식이다. 한겨울, 따끈한 팥죽에 꿀을 더해 단맛까지 낸 팥죽은 별미 중의 별미였을 것이다. 다만 호로록 마시고 마는 게 아니라, 새알심 씹는 재미까지 함께였다.

단맛을 올리는 또 다른 방식도 있었다. 빙허각 이씨^{憑虛閣李氏, 1759~1824}가 남긴 가정 경영서인 〈부인필지^{婦人必知}〉에는 팥과 함께 대추를 고아 단맛을 더하는 방식이 나온다. 여기서도 새알심은 빠지지 않는다. 한편 이후의 요리서는 점점 설탕을 쓰게 된다. 꿀, 대추, 설탕, 무엇을 섞든 동지팥죽은 여전히 한국인이 즐기는 이때의 별미이다. 동지팥죽은 아세, 작은설과도 잇닿아 있다. 어른들은 아이에게 너 팥죽은 먹었느냐, 팥죽 한 그릇을 먹어야 한 살을 더 먹는다 하면서 덕담을 건네기도 했다.

봄의 절정
청명

만물은 절정 직후에 이울게 마련이다. 봄이 절정에 이른 때란, 실은 늦봄이다. 청명은 봄의 절정에서 다가오는 여름을 바라보는 때이다. 예전에는 봄날의 먹을거리와 별미를 맛보고, 그것을 조상에게도 올리며 나와 공동체를 격려하는 가운데 본격적으로 농사가 시작되었다. 꽃 또한 절정이다. 활짝 핀 꽃을 보고 우짖는 새소리를 들으며 논밭을 가는 때, 일과 놀이를 함께하는 때, 그 즈음이 청명이다.

> 삼월은 늦봄이라 청명 곡우 절기로구나
> 봄날이 비로소 따듯해지고 만물이 온화하고 맑아지니
> 온갖 꽃 흐드러지게 피고 새의 울음소리도 갖가지로 울린다
> 대청마루 앞을 나는 한 쌍의 제비는 옛집을 찾아왔고

꽃과 꽃 사이로 범나비는 어지러이 날고 기니
[사람뿐만 아니라] 미물도 좋은 때를 맞아 저마다 좋은 때를 즐기
는 모습이 사랑홉다[사랑스럽고 예뻐 보인다].

조선 문인 정학유의 연작시 〈농가월령가〉 가운데 "3월령"의 첫머리를 풀어써본 것이다. 음력 3월, 양력 4월 상순 무렵의 무르익은 봄날의 분위기, 그리고 자연의 변화에 따라 마음을 풀고 봄날을 만끽하는 사람의 감흥을 이보다 더 잘 나타내기도 어려울 것만 같다.

청명淸明은 정학유가 읊은 대로 늦봄, 달리 말하면 봄이 절정에 다다른 즈음에 자리한 절기이다. 춘분春分과 곡우穀雨의 사이에 들며, 양력 4월 5일 무렵이다. 춘분을 지나며 날씨도 사람의 마음도 한층 부드러워진 시점이다. 청명이란, 말 그대로 하늘이 차츰 맑고 밝아지는 때, 만물도 그만큼 맑고 밝게 보이는 때라는 뜻이다.

춘분을 지나면 본격적으로 들나물을 캐 먹을 수 있다. 농민은 "땅이 녹는구나. 자, 이제 농사를 준비해야지" 하는 기분을 느낀다. 오늘날보다 춥고, 오늘날보다 농기구와 농기계가 보잘것없던 시절, 농민은 새봄을 맞아 담, 헛간, 농기구 들을 손보았다. 시험 삼아 봄갈이를 하기도 했다. 그런데 정말 고된 농사, 주요 곡물인 벼, 조, 기장, 콩의 생산의 첫걸음은 청명을 앞뒤로 시작되었다.

청명 무렵, 농민은 논과 밭의 둑을 손질하느라 본격적인 가

래질을 시작한다. 특히 논둑을 단단히 손보아야 논농사에 차질이 없다. 이어지는 절기인 곡우는 양력으로는 4월 20일쯤이 된다. 한국식으로 논농사를 지으려면 이 무렵에 반드시 못자리판을 만들어야 한다. 밭갈이 또한 본격적으로 시작이다. 농민은 마냥 여유를 부릴 수만은 없다. 그래도 즐거운 마음으로, 새소리 들으며, 나비의 날갯짓에 흐뭇해하며 이렇게 논밭으로 나간다.

> 쟁기질 할 때쯤 되어 뻐꾹새 우니
> 바삐들 씨앗 나눠 밭두둑에 뿌리네
> 가장 급한 농사는 도랑에 물대는 일
> 청명에 큰 비 오니 밭 갈기 좋아라 [68]
>
> —홍석모, "하종下種, 씨뿌리기" 전문, 〈도하세시기속시都下歲時紀詩〉에서.

〈농가월령가〉 "3월령"으로 돌아가보자. 이 즈음 개울가에 조성한 밭에다는 기장, 조를, 산비탈에 조성된 밭에다는 콩, 팥을 심어야 한다. 들깨, 삼[麻]까지 심고, 논밭을 다시 한 번 갈아야 한다. 이것으로 다가 아니다. 이 시기가 지나면 들나물은 억세어진다. 여름날 먹을 채소를 마련하려면 당장 집 주변 텃밭을 가꾸어야 한다.

> 들 농사하는 틈에 치포(텃밭 가꾸기)를 아니할까

---

68 于耟及時布穀啼, 爭分春種播前畦, 濬踈溝洫催農務, 大好淸明雨一犁

울 밑에 호박이요 처마 가에 박 심고
담 근처에 동아^{冬瓜} 심어
가자^{架子, 채소를 지지하는 시렁}하여 올려 보자
무 배추 아욱 상추 고추 가지 파 마늘을
색색^{色色}이 구별하여 빈 땅 없이 심어 놓고
(…)
외(오이)밭은 따로 하여 거름을 많이 하소
농가의 여름 반찬 이밖에 또 있는가

    동아시아 사람들에게 익숙한 거의 모든 채소 농사도 이때 본격화한다. 며칠 뒤에는 살구, 복숭아, 능금, 사과, 배의 접붙이기가 이어진다. 더 멀리 내다보고 하는 일도 있다. '내 나무' 심기다.
    '내 나무'란 아이가 자라 혼인을 하게 되면, 새살림에 쓸 장롱을 하라고 아이가 태어나면 심는 나무이다. 그런데 마음에 드는 처녀에게 '내 나무'가 있으면 총각은 그 처녀의 '내 나무'를 가꿈으로써 속마음을 드러내기도 했단다. 하긴 "청명에는 부지깽이를 꽂아도 싹이 난다"는 속담이 있을 정도로 만물의 생명력이 왕성할 때다. 이때의 나무 심기야말로 아이의 먼 미래를 축복하는 가장 멋진 선물일 테다.
    이런 관습이 이어진 덕분일까? 대한민국 정부는 1949년 양력 4월 5일을 전국적인 공휴일의 하나인 식목일^{植木日}로 정해 이 날만큼은 온 나라가 나무 심기 및 가꾸기에 나서게 했다. 그런데

세상일에는 얄궂은 면이 있게 마련이다. 한국은 2006년 식목일을 공휴일에서 폐지해버렸다. 한국은 1945년 이후 전 지구에서 가장 짧은 기간에 조림造林에 성공한 나라로 손꼽힌다. 식민지 시기와 전쟁을 겪으며 불모지가 된 산을 반세기 만에 울창하게 가꾼 것이다. 하지만 산이 푸르러지자 식목일은 대수롭지 않은 날이 되었다. 아울러 이 즈음이 공휴일에서 빠지면서 이제 한국인의 청명 세시풍속도 희미해지고 있다.

국가와 행정부 또한 이 무렵의 생명력과 그 상징성을 염두에 두었다. 대표적인 행사가 궁궐의 반화頒火, 새 불씨 나누기이다. 홍석모는 〈도하세시기속시〉 가운데 한 편인 "반화"에서 이렇게 읊었다. "느릅나무, 버드나무 푸른 연기 궁궐에서 피어나고 / 새 불씨 나누어주러 심부름꾼 달려가네."[69]

위 시를 비롯해 허균의 〈성소부부고惺所覆瓿藁〉, 김매순의 〈열양세시기〉, 홍석모의 〈동국세시기〉 등에 따르면 청명을 맞은 궁궐에서는 느릅나무 또는 버드나무를 마찰해, 그해의 새로운 불씨를 얻어 각 관청과 고위관리들에게 나누어 주었다. 업무와 마음가짐에서 '이제 마음 더 단단히 먹고 다시 출발하자' 하는 느낌을 더하는 의례였을 것이다.

보통 사람들은 교외로 발걸음하기 좋은 때다. 대개 교외의 산비탈에 있는 묘에는 청명 전후로 성묘객이 줄을 이었다. 조선 후기에는 많은 사람들이 설·청명 또는 한식·단오·추석 명절에

---

69 榆柳青烟生紫禁, 傳頒新火走儓驥

차례를 지냈다. 이를 사절사四節祀라고 하는데, 사절사를 통해 제철 농작물과 별미를 조상에게 올림으로써 천신례薦新礼를 지켰다. 이는 조상에게 하는 인사이다. 또한 한 해 가운데 지금 우리 생활 주기가 어디까지 왔다 하는 점을 공동체가 함께 환기하는 중요한 의례였다. 청명의 차례는 '늦봄 만끽한 힘으로 여름 잘 지나가겠습니다' 하는 다짐의 의미가 컸으리라.

성묘객은 나간 김에 봉분에 떼도 입히고, 묘역의 시설을 수리하기도 했다. 또한 반드시 술이 낀 제물을 올렸다. 그래서 홍석모는 〈도하세시기속시〉 "한식寒食"편에서 청명 다음날인 한식의 성묘를 읊으며 "무덤가에는 술에 굶주린 귀신은 하나도 없겠네"[70]라고도 했다.

한편 조선 초기, 중앙정부와 지방정부는 청명에 찾아올 후손 없는 귀신까지 배려해 따로 교외에 장소를 마련하고, 양 세 마리, 돼지 세 마리, 쌀 45되를 들여 외로운 넋을 위로하는 제사를 지냈다는 기록도 있다.

이 무렵 술 못 마신 귀신이 없을 정도라면, 술도 엄청나게 빚었다는 말이다. 어느 정도냐 하면, 18세기 이래 웬만한 조리서에는 빠짐없이 '청명주'가 등장한다. 청명주는 대개 찹쌀로 빚은 고급 청주이다. 또는 〈주방문〉[71]에 나오는 청명주는 밥알이 동동 뜨는, 오늘날로 치면 동동주 방식의 청명주이다. 각각의 제법과

---

70 墳上應無餒酒神
71 하생원댁〈주방문〉, "청명주" 항목에서.

숙성 방법은 여기서 일일이 다 쓰기 어려울 만큼 다양하다. 이 밖에 진달래꽃으로 풍미를 더한 두견주杜鵑酒 또한 이 즈음을 대표하는 술이다. 성묘하기 좋은 날이란, 뒤집으면 밖에서 놀기에도 마침맞은 날이라는 소리다. 이름이 어찌되었건, 부재료가 무엇이건, 날이 풀리면 겨울보다 발효의 조건이 좋아진다. 여름보다 부패의 염려도 적다. 날 풀린 만큼 풀린 마음으로 이 즈음 담는 술이 청명주이고, 그 가운데 진달래꽃으로 가향가미한 술도 있었다고 보면 된다.

이런 술에 제격인 먹을거리로는 늦봄까지 절정에 이른 삽주, 두릅, 고사리, 고비, 도라지, 으아리 등 나물이 있다. 지난봄에 담아 한해 잘 숙성된 장은 나물의 풍미를 한층 북돋았다. 보통 먹는 장보다 더 맛난 장을 찾는 사람들은 이때 고추장, 두부장 등 별미장을 담그기도 했다. 고추장은 두장豆醬의 사촌으로, 메주가루에 찹쌀 등의 곡물, 그리고 조청이 들어가되 고춧가루가 주재료가 되어 고춧가루의 풍미가 앞서는 독특한 장이다. 16세기 이후 아메리카 대륙 안데스의 은은 온 지구를 돌아 유럽, 인도, 중국, 조선, 일본까지 들어왔다. 이때 담배, 옥수수, 땅콩 등도 함께 지구를 일주했다. 고추 또한 온 지구로 퍼졌다. 그리고 조선은 고추를 가지고 고추장을 담기 시작해 오늘에 이른다. 고추장은 또한 초고추장으로, 고추장 양념 등으로 변주된다.

두부장은 두부를 장에 박아, 장과 두부가 서로를 머금은 채 숙성하는 장이다. 또한 자연의 원기가 한창인 때에, 입맛 또한 제대로 돌 때에, 이런 별미장을 마련했다.

봄 기분을 낸다고 하면, 꽃놀이를 빠뜨릴 수 없다. 예전 한반도에서는 매화가 꽃소식을 알리면 개나리, 진달래가 뒤를 이었다. 그 뒤를 다시 복숭아, 자두, 배, 살구나무 꽃이 잇는다. 서울의 남산과 북악산 일대는 조선이 수도를 정한 이래 최고의 꽃놀이 장소였다. 지금은 복잡하기 그지없는 자하문, 삼청동, 성북동, 이태원 등도 서울 사람들이 청명을 즈음해 술과 운치 있는 음식을 마련해 나들이 하는 명소였다.

"식욕과 성욕은 본성이다食色性也"라는 문장으로 시작하는 허균의 음식 이야기 〈도문대작〉은 봄날의 별미로 쑥떡[艾糕], 느티잎떡[柳葉餠], 두견전杜鵑煎, 이화전梨花煎을 손꼽았다. 이 가운데 늦봄 꽃놀이의 멋과 흥취를 한껏 끌어올리는 음식이 바로 두견전, 이화전 같은 화전이다. 화전은 찹쌀반죽에 꽃잎을 장식해 기름에 지진 떡이다. 두견전은 진달래꽃이 오른 화전이고, 이화전은 배꽃이 오른 화전이다. 화전에는 국화를 쓰기도 한다.

꽃도 보고, 꽃잎으로 음식도 만들어 먹고, 시도 읊는 운치 있는 나들이를 화전놀이라고 한다. 특히 중간 계급 이상의 여성들이, 여성들만 참여해 벌이는 화전놀이에서는 시 창작과 시 낭송이 더해졌다. 한 해에 단 한 번 늦봄에, 여성에게 화전과 함께하는 해방 공간이 있었던 것이다. 다른 음식으로는 무엇이 있었을까. 〈동국세시기〉 및 여러 조리서 속 기록이 요란하다. 당연히 진달래화전은 빠질 수 없다. 녹두묵을 잘게 썰고, 미나리, 돼지고기, 김을 더한 뒤 초장으로 마무리하면 보기에도 맛이 느껴지는 고급스러운 잡채인 탕평채蕩平菜가 된다. 말갛게 투명한 녹두

녹말 국수를 꿀물이나 오미자즙에 말면 눈으로 먹는 요리인 화면花麵이 완성된다.

한강 하류에서 잡히는 웅어[葦魚]는 횟감으로 나왔다. 웅어는 풀잎처럼 저며 종이 위에 널어서 수분과 유분을 적절히 제어할 만큼 세심하게 손질했다. 회에는 겨자장 또는 고추장 또는 초고추장을 곁들였는데, 초고추장에는 초뿐 아니라 꿀을 섞어 풍미를 배가했다. 늦봄의 복어나 도미로는 국을 끓였다. 한강, 임진강 하구의 복은 목숨을 바쳐 먹어도 아깝지 않은 별미로 통했다. 복국은 농도가 옅은 장에 봄미나리를 더해 끓였다. 마를 쪄 꿀을 바르고 칼로 다져 낸 잣가루에 버무리거나, 찹쌀가루를 입혀 지진 뒤 잣가루에 버무린 서여증식薯蕷蒸食은 오늘날 제과의 관점으로 보아도 빠질 것 없는 별미 과자이다.

본격적인 노동과 업무를 앞두고, 늦봄이 아주 이울기 직전에, 사람들은 여름아, 이제 내가 간다 하는 다짐 속에서, 이렇게 음식도 마련하고 자연과 섞이며 스스로를 격려했다. 조상을 찾아 인사하고, 공동체의 안녕을 빌었다. 일과 놀이가 함께인 절기, 고된 노동을 앞두고 공동체가 서로를 격려하는 절기, 이야말로 예전 청명의 의의였다.

가을걷이를 내다보는 입추

 아직도 덥다. 곧 가을이 온다는 점만은 틀림이 없다. 여름 김매기는 마무리되었다. 하지만 쉴 틈도 잠깐, 입추가 든 달에는 김장에 쓸 무와 배추도 심어야 한다. 입추 즈음에 무와 배추를 준비하지 못하면 늦가을 김장이 어려워지고, 겨울나기에도 큰일이 난다. 여름 농사 일정을 마무리한 농민은 곡식 잘 여물도록 제발 햇빛 쨍쨍하기만을 바랄 뿐이다. 하늘만 바라보는 농민의 속은 탄다. 일조량이 충분치 않으면 알곡은 제대로 여물지 못한다. 오늘의 하늘을 바라보며, 가을걷이를 내다보고, 김장거리 마련을 위해 아직 뜨거운 밭에서 다시금 채소 농사를 준비하는 때, 이때가 입추이다.
 입추立秋는 24절기 가운데 열세 번째 절기이다. 대서大暑와 처서處暑 사이에 자리하며 태양의 황경黃經이 135도에 있을 때이다.

음력으로는 7월에 돌아오고, 양력으로는 8월 8일이나 9일에 돌아온다. 입추라는 말은 입춘·입하·입동 등 '立' 자 들어간 다른 절기와 함께 그 의미와 구조를 따져볼 필요가 있다. 이때 쓴 '立'은 수식언이자 부사어로서 '곧' '이제 바로'라는 뜻이다. 뒤따르는 '春·夏·秋·冬'은 체언이자 서술어로서 사계절을 나타낸다. 다시 말하면 입추란 '곧 가을이다' 하는 뜻이다. 다른 셋도 같은 구조이다. 막 가을에 접어드는 즈음, 곧 가을이 시작되는 즈음이 바로 입추이다. 가을에 들어섰다는 뜻이 아니라, 앞으로 가을이 온다는 뜻이다. 동아시아 사람들의 전통적인 계절 감각으로는 입추부터 입동 사이를 가을로 일컬었다.

예나 지금이나 입추 지나서 바로 여름이 끝났다고 느끼기는 어려웠다. 입추는 이제 가을이 온다는 신호일 뿐이다. 이 즈음의 더위는 한반도를 살다가 간 옛사람들에게도 견디기 힘들었다. 고려 시대에 편찬된 문헌인 〈삼국사기〉, 〈삼국유사三国遺事〉를 보면 신라 사람들이 겨울 얼음을 빙고에 저장해 여름에 쓴 흔적이 남아 있다. 이후 고려 시대에는 정부에서 관리 및 퇴직 고위 관리에게 사흘, 이레, 열흘 주기로 얼음을 나누어주는 '반빙頒氷'이 아예 제도화되었다. 조선이 편찬한 관찬 역사서인 〈고려사高麗史〉에 따르면 고려 중앙정부는 입하 즈음은 물론이고, 태음력 6월부터 입추까지도 반빙을 시행했다. 예전의 한여름 얼음이란, 입만 즐겁자고 먹는 식료일 수가 없다. 몸의 열기를 식히고, 더위에 잃은 정신을 돌아오게 하는, 온열질환에 쓰는 약이었다.

입추가 들었다지만, 천체 운행상 그렇다는 것이고, 가을의 예감이 감돈다는 것이고, 한반도의 예전 태음력 7월이나 오늘날의 태양력 8월이나 뜨겁기는 마찬가지였다. 한겨울에 얼음을 캐, 아직 냉매와도 전기 동력과도 손잡지 못한 석조 또는 목조 빙고氷庫에다 한여름까지 얼음을 보관하지 않으면 사람들은 견딜 수가 없었다.

농민은 농민대로 이 계절 들판의 노동, 텃밭의 노동이 이어졌다. 농촌의 열두 달을 읊은 조선 문인 정학유의 〈농가월령가〉를 따라가 보자. 정학유는 "7월령"에서 먼저 날씨의 미묘한 변화를 읊었다. "늦더위 있다 한들 절서節序, 계절의 질서야 속일쏘냐 / 비 밑도 가볍고 바람 끝도 다르도다." 계절의 변화를 노래하면서도 시인은 한 해의 절반, 아직 그 노동이 남아 있음을 떠올렸다.

슬프다 농부들아 우리 일 거의로다
얼마나 남았으며 어떻게 되다 하노
마음을 놓지 마소 아직도 멀고 멀다

'거의'라고 했다. 그러니까 아직 남았다는 말이다. 한 해 농사 마무리는 아직도 멀고 먼 가운데, 벌초, 거름 쌓기, 논밭의 둑 수리가 이어진다. 그러고도 한 해의 끝까지 바라본다.

살지고 연한 밭에 거름하고 깊게 갈아
김장 할 무·배추 남 먼저 심어 놓고
가시울 진작 막아 허실함이 없게 하소.

사람에게 맛있는 채소는 짐승에게도 맛있는 채소다. 이 무렵 김장 김치의 중요한 재료로 떠오른 무와 배추를 심은 밭에는 가시울까지 해 손실을 막아야 했다. 그래도 뜨거운 하늘 아래 박, 호박, 외, 가지는 잘만 익어갔다. 외란 오이와 참외를 아울러 이르는 말이다. 이때의 채소가 당장의 반찬도 될 뿐 아니라 장에 절이면 겨우내 먹을 수 있는 장아찌의 재료가 되었다. 당장 반찬도 급하고, 겨울 생각하면 다 먹어치울 수도 없는 살림이었다. 목화 또한 무럭무럭 자랐다. 이때 목화를 잘 돌봐야 한 달이 지나 목화씨를 얻을 수 있고, 거기서 조선의 서민들이 식용유로 많이 쓴 면실유綿実油까지 얻을 수 있다. 한 해의 절반을 부지런히 살아온 농민은, 한 해의 절반 또한 부지런히 살아가는 것이다.

그런 가운데 농민은 하늘을 자주 쳐다보았다. 입추가 지나도록 늦은 장마가 지면 알곡이 여물기 어렵기 때문이다. 전통 사회 한 나라의 경제도 여기에 달렸다. 음력 6월까지 비가 덜 온다면 비 오기를 기원하는 기우제祈雨祭를 지냈고, 입추 지나도록 비가 너무 오래 이어지면 오히려 개기를 바라는 기청제祈晴祭를 지냈다. 이는 국가의 의례로서 중요했다. 제발 벼 등 중요 곡식이 상하지 않고 제대로 여물게 해달라는 간절한 마음으로 지내는 기청제 기록은 삼국시대에서 조선시대에 이르기까지 셀 수 없이 많다. 조선의 기청제는 나라 곳곳의 산천뿐 아니라 서울의 종묘宗廟와 사직단社稷壇에서 열리기도 했다. 참고로 서울에 있는 종묘는 조선 역대 왕과 왕비의 신주를 모시는 공간이고, 사직단은 조선의 사람들이 살아가는 땅의 신령, 그리고 그 땅에서 나는 곡식의 신령을 모시는 공간이다.

민어는 아주 더운 때에도 고마운 재료이다. 민어는 버릴 게 없다. 대가리, 뼈로 국물을 내고, 살점을 더한 민어탕은 뜨거운 여름에 원기를 북돋는 음식이었다. 갓 잡은 민어라면 횟감으로도 요긴했고, 포를 떠 달걀옷을 입혀 아주 적은 양의 기름에 지진 민어전유어는 전유어 가운데 으뜸으로 쳤다. 민어에 소금간을 해 바닷바람에 말리면 참조기굴비 못잖은 민어굴비로 변신한다.

동아시아에서 소문난 삼계탕은 어떨까. 민어가 점점 귀해지면서, 해방 이후에 새로이 한국인의 더운 날을 위로한 음식이 삼계탕이다. 거슬러 올라가면, 19세기 말 개인 일기 속에 닭과 인삼을 함께 고아 국물을 낸 '삼계음蔘鷄飮'이라는 일종의 약이 보인다. 닭 국물은 지구상 어디서나, 어떤 민족이나 좋아하는 국물 아닌가. 한국인도 시기를 특정할 수 없는 예부터 닭을 식료로 삼았고, 그 국물을 좋아했다. 그러다 1960년대 이후 양계가 발전하고, 인삼 농업도 한층 활기를 띠면서 이전의 닭과 인삼을 푹 고은 음식이 대도시 요식업소의 '삼계탕'으로 변신해 오늘에 이른다.

채소 음식은 어떨까. 입추 즈음, 한국 날씨에는 김치를 마련하기가 무척 어렵다. 전기식 냉장고가 없던 백 년 전에는, 더운 날, 그때그때 손에 잡히는 모든 채소를 활용해 김치를 담거나, 김치에 준하는 신맛을 끌어올린 음식을 해 먹었다. 오이와 가지는 가장 중요한 이때의 김치재료였다. 오이, 가지 모두 엄지손가락 길이로 끊어 단면에 열십자를 내고 김치소를 채워 넣고 금새 먹는다. 소금물을 넉넉하게 잡으면 새콤하고 짭짤한 국물도 얻을 수 있다. 아예 오이를 채 썰어 장에 조물조물 무쳐 냉수를 붓고 식초를 더하면 젖산발효를 기다리지 않고도 김치에 준하는 신맛을 얻을 수 있었다. 가지는 조선 시대 내내 오이와 붙어 다닌 더운 날의 채소이다. 가지냉국을 할 때에, 가지를 살짝 쪄 식혀서 쓰는 점만이 오이냉국과 다르다.

참외는 조선 시대 내내 가장 인기 높은 이 계절의 과채이다. 1909년 출간된 일본인의 조선견문록인 〈조선만화朝鮮漫画〉에 따르면, 태양력 7월 초에서 8월까지 조선의 서민들은 때로 밥 대신 참외로 끼니를 때우기도 했다. 참외 먹기 내기를 하면, 한 번에 참외 스무 개를 먹어치우는 조선 사람도 있었다. 그때 조선 사람은 걸어 가면서도 참외를 먹고, 쭈그리고 앉아서도 참외를 먹는다고 했다. 그만큼 참외는 많이, 싸게 나와 서민에게 한 끼 대용이 되었다.

날 덥다고 술이 빠지면 섭섭할 테다. 더워지기 시작해, 입추가 지나도록 마시는 술이 따로 있었다. 막걸리와 같은 곡물 발효주는 도수가 낮아 무더위에 쉬이 상한다. 이에 보존 효과를 높이기 위해 발효주에 독한 증류주인 소주를 섞어 도수를 높여 여름을 지나도록 마신다. 이를 '과하주過夏酒'라고 한다. 와인에도 이와 같은 계통이 있다. 와인이 상하지 말라고 독한 증류주를 섞어 포트와인을 만들지 않는가. 과하주 기록은 1670년에 쓰인 조리서인 〈음식디미방〉에 이미 그 제법이 등장한다. 이후 수많은 문헌이 여기서 이루 다 소개할 수 없을 만큼 다양한 제법의 과하주를 기록하고 있다.

　여기서 다시 〈농가월령가〉를 떠올린다. 한 해의 일, 아직 안 끝났다. 아직도 멀고 멀다. 마무리까지 온 만큼 가야 함을 잊지 말자. 절기상 가을이 이제 막 온다니, 손에 잡히는 재료로 별미 한 가지씩이라도 해 먹고 힘을 내자! 여기다 여느 때보다 독한 술도 한잔하며 다시 힘을 내자! 옛사람들은 이렇게 한여름에서 입추로 건너갔다.

온전한 밥 한 그릇

계란찜은 서비스고
수플레는 만 원이냐?

밤은 짧은데 말이 길면 듣기 너무 지루하다.[72]

정말 할 말이 있는 사람은, 할 말이 분명한 사람은 중언부언 하지 않는다. 상대의 중언부언을 참지 못한다. 허생은 할 말이 분명했다. 밤이 깊어 찾아온, 나라의 신임을 받는 벼슬아치 이완에게 천하를 뒤집어 병자호란의 수치를 씻을 세 가지 방도를 설파하는 데 거침이 없었다. 조선 문인 박지원이 남긴 〈허생전許生傳〉의 한 장면이다. 그러나 초야에 은둔한 인물을 찾아왔다는 이완은 인재를 발탁하고, 특권 세력을 누르고, 해외에서 조선의 새 활로를 찾자는 허생의 말에 "어렵다難矣"는 말만 되풀이한다. 허

72 夜短語長, 聽之太遲

생은 참지 못하고 칼을 뽑는다.

신임 받는 신하가 정말 이렇다고? 너 같은 놈은 모가지를 따야 해![73]

여름밤, 내가 사는 동네에서는 이런 장면이 자주 펼쳐진다. 요리사, 제과사들의 퇴근길 술자리는 강렬하고 함축적이다. 허생의 말과 행동만큼이나 박력이 있다. 혹시 한문 독해력 있는 독자라면, 주석으로 붙인 한문 원문의 함축을 호흡하기 바란다. 내일 제대로 된 식료를 구입하려면 전철 첫 차 타고 시장에 나가야 한다는 걱정은 잠깐이다. 직업상 하게 마련인 걱정을 아주 잠깐만 하고 나서, 요리사는 단번에 막소주 한 잔을 해치운다. 그러고는 허생으로 빙의해 분을 터뜨린다. "셥셥거리지 좀 마라, 천하다!"

"그럼 뭐라고 불러요?" 이완으로 빙의해 어눌하게 물으면 다시금 동네 요리사 겸 주방장의 대답이 단호하다. "직업으로 요리사가 있지. 그럴 필요가 있는 주방에서 업무를 총괄하는 직위로 주방장이 있지! 언제부터 셥셥이야."

불란서 말로 셰프^{Chef}, 영어로 치프^{Chief}. 장보기와 맛내기에서 결정권이 있는 요리사, 제과사다. 예컨대 본격적으로 빙과를 다루는 업장에서 아무나 온도 조절에 손 못 댄다. 냉동고와 쇼케

---

73 信臣固如是乎, 是可斬也

이스 온도의 미세조정이 또한 제과사의 몫이다. 이쯤 되는 제과사가 셰프다. 말끔한 조리복에 살짝 솟은 조리모를 썼다고 해도, 그에게 장보기와 맛보기 결정권이 있는지, 온도계에 손을 댈 수 있는지 알 수는 없다. 서민대중의 한 끼를 감당하고 있는 백반집, 찌개집에서 장보기와 맛내기는 단연 찬모가 도맡는다. 우리가 어제도 봤고, 오늘도 만날 셰프는, 실은 백반집, 찌개집, 고깃집 찬모다. 말을 곧이곧대로 따르면, 탁자에서 넘겨본 주방 안, 찬통에 놓인 콩나물, 오뎅에 막 파와 마늘과 깨소금을 듬뿍듬뿍 끼얹는 그분들이야말로 실제로 셰프다.

셰프. 텔레비전과 인터넷과 온갖 매체에서 먹방과 맛집 사냥이 넘치고, 셉셉거리기가 울려 퍼지면서 너도 나도 이 말에 감염되었다. 셰프란 말은 한순간에 요리사 또는 제과사, 찬모, 주방장이란 말을 지워버렸다. 동시에 새벽 첫 차를 타고 장을 보러 가고, 실제로 하루 열두 시간은 업장을 지켜야 하는 식당 일의 세계, 구체적인 주방 노동의 세계를 가렸다.

주방은 늘 불이 활활 피어 있고, 늘 유증기가 가득하며, 늘 날이 시퍼렇고, 끝이 뾰족하고, 달아오를 대로 달아 있는 도구가 가득한, 위험한 공간이라는 점을 지우며 대중을 감염시켰다. 그러면서 청소년들에게, 청년에게 오로지 '셰프'만이 끝내주고 멋있고 힙한 직업으로 떠올랐다. 대중에게도 청소년과 청년에게도 인터넷과 유튜브 등 매체에서 본, 보기만 한 셰프만 남았다. 일은 모른다. 끝내주고 멋지고 힙한 직업일 것이라는 막연한 선망만 남았다.

"계란찜은 서비스고 수플레는 만 원이냐!"

또 한 잔, 막소주를 넘기며 동네 요리사의 두 번째 분이 터진다. 누구나 워낙 자주 먹기 때문에 쉽게 생각하는 음식이 계란찜이다. 제일 만만한 반찬으로 여기는 음식이다. 수플레^{Soufflé}는 계란찜의 프랑스판, 오븐 요리판쯤으로 거칠게 요약할 수 있다. 그러나 계란찜이든 수플레든 중간은 없다. 서양 요리판, 미식판의 우스개로, 한 음식점을 망하게 하려면 수플레를 주문한 다음 악평을 달면 된다는 소리가 있다.

서양 음식의 세계에서, 수플레는 가장 기본적인 재료에 가장 기본적인 조미 방식만으로 내는 승부다. 최상의 상태로 내놓은 수플레를, 일상생활 중에 수플레 먹는 문화권의 대중은 당연하다고 여긴다. 뒤집어서, 계란찜도 그런 음식이다. 셰프라면 눈에서 실핏줄 터질 듯한 집중력으로 계란과 온기와 수분을 상대로 승부를 낸다. 어렵게 계란찜 한 그릇이 태어난다. 그러나 익숙해서 만만한 계란찜이란, 한국인 손님에게 서비스, 곧 공짜 선물일 뿐이다. 얄궂게도 수플레 한 숟가락쯤에 만 원을 붙여도 불평 없는 한국인 손님이 계란찜을 서비스로 바란다.

"음식을 안다는 손님이 정말 이렇다고?" 요리사는, 제과사는, 찬모는, 또는 주방장은 여기까지 분통을 터뜨릴 뿐이다. 이 세계의 칼은 주방 밖에서 뽑는 게 아니다. 칼은 칼판 위에서만 쓸 수 있다. 짧고 강렬하고 박력 있는 순간은 퇴근길에 소주 한 잔하는 그때뿐이다.

한 직업의 세계를 단박에 이해하기가 만만찮은 노릇임은 또한 어쩔 수 없다고 하겠다. 그야말로 어렵다! 알면서, 다 알면서 굳이 요리사의 한마디를 21세기 한국어 도서에 남긴다. 백 년 뒤에 이 한마디가, 21세기 한국 음식 문화사의 한 조각쯤은 드러낼 음식문헌으로 떠오를 것만 같다.

"계란찜은 서비스고 수플레는 만 원이냐?"

한식의 제일선에 있는
그 사람,
찬모

음식은 거저 오지 않는다. 그냥 태어나지 않는다. 사람은 내게 주어진 자원을 가지고 음식을 만든다. 이때 자원이란 농업을 기본으로 인간과 자연과 국제관계와 과학기술 등등이 복잡하게 얽히고설킨 결과다. 날것 상태의 자원이 먹을 수 있는 밥, 빵, 국수에서 장, 젓갈, 과자, 일품요리 등등이 되기까지 인류는 어마어마한 상상력과 창의력을 발휘하고 주고받고 이어왔다. 자원의 한계를 다만 감수할 뿐 아니라, 탐구하고 대응하는 가운데 교육도 문화도 인간다움도 태어났다. 음식은 사람답게 살아남기 위한 기본기술$^{low-tech}$이자 1만 년 농업사와 함께 이어진 문화의 꽃이다. 그 꽃은 갖가지 모양과 빛깔로 피어나 오늘에 이른다. 위도마다 대륙마다 민족 저마다 서로 다른 일상의 식생활은 지구 곳곳의 거대한 강줄기, 산맥, 또는 해양 못잖은 일대장관이다.

한식 또한 그 장관 가운데 하나다. "우리나라 고유의 음식이나 식사"(국립국어원 표준국어대사전), "한국에서 전통적으로 사용되어온 식재료 및 그와 유사한 식재료를 사용하여 한국 고유의 조리 방법 또는 그와 유사한 방법으로 만들어진 음식으로 한국 민족의 역사적, 문화적 특성을 갖고 생활 여건에 알맞게 창안되어 발전, 계승되어온 음식"(한국식품연구원 및 농촌경제연구원) 같은 말로 한식의 갈피를 잡기 어렵다면 내 점심시간부터 들여다볼 일이다.

막 점심시간이 다가오면 한 끼 먹자고 모두의 발길이 다급해진다. 어린이, 청소년, 노인, 학생, 취업준비자, 산업예비군, 자영업자, 봉급쟁이 누구나 이 한 끼만큼은 놓칠 수 없다. 아침 거른 사람도 많다. 이 한 끼를 놓치면 하루가 엉망이 된다. 이때의 한 끼를 감당하는 골목골목, 거리거리의 밥집, 국밥집, 분식집 그리고 학교 급식의 일선, 학교식당, 구내식당의 한식부, 더하여 점심시간만큼은 반드시 밥과 반찬이 있는 차림 또는 구이나 찌개를 일품요리 삼아 백반 정식을 준비하는 온갖 형태의 요식업소가 바로 오늘날 한식의 제일선, 최전선이다. 한국인이 소화해 변형한 중식, 일식, 양식도 의미가 깊다. 점심시간에 한해 "매일 반찬이 바뀌는 한식 뷔페"를 차리는 맥줏집이 여기서 어찌 빠지랴.

오늘날의 한식은 매일 한식을 선택하는 서민대중의 한 끼에, 스스로 나는 한식에 종사하노라 여기는 종사자들의 인식과 매일 수행하는 일 속에 적나라하고 정직하게 깃들어 있다. 산업혁명과 현대의 충격을 지나 오늘에 이른 한식의 실제는 초중등 학생과 서민대중의 점심 한 끼가 나오는 구체적인 과정 안에 압축되어 있다. 가정식 또는 한 사람의 자취自炊만으로는 못 다 먹일 사람을 먹이는 바로 그 사람의 일, 최전선에서 음식을 만지는 사람의 일이 한식의 세목을 이룬다.

그 사람은 장을 본다. 식료 선택과 반찬 구성과 간 보기에서 재량이 있다. 웬만하면 온통으로 재료를 받아 밑손질을 한다. 점심 장사 직전까지 정신이 없다. 저녁 장사 전까지 다시 밑손질을 포함한 준비에 뛰어든다. 장보기와 간 보기에 재량이 있고, 차림에서 임기응변이 가능하다면 주방장급 일꾼이고 실제 요리사다. 하지만 그 사람과 그 사람의 일은 대중매체, 인터넷, 소셜 미디어에 좀처럼 드러나지 않는다. 방송이 고급 음식 호들갑에 '셰프'라는 말을 가져다 붙이면서 그 존재가 더욱 희미해졌다.

분야를 떠나 식당에서 당연히 하는 일인 재료 손질 및 준비를 굳이 '프렙prep, preparation'이라는, 그럴 이유가 보이지 않는 외국어로 바꾸어 부르는 데 이르러 일 또한 희미해졌다. 아줌마 또는 이모로 부르는 그 사람이다. 요식업계가 찬모라 이르는 그 사람이다. 업무 능력과 일의 실제에서 셰프이고 밤낮 없이 셰프로서 프렙을 수행한다. 백반집, 고깃집, 분식집의 아줌마 또는 이모는 대개 서민대중이 하루에 한 번은 만나되 만난 줄도 모르고 지나치는 셰프다. 그러니 걱정이다. 최저임금에 대한 어깃장이 여기저기서 보인다. 한식의 제일선은 그 어깃장이 특히 심한 곳일 수 있다. 쉬이 역사와 문화 운운하지만, 우리는 너무 쉽게 '아줌마'를 노동과 직업의 예외자로 대한다. 이러다 한식의 제일선이 최저시급 사각지대의 가장 나쁜 예가 될 수도 있다. 앞으로도 내내 그러리란 불길한 예감이 든다. "최저임금 줄 수 있으면 셰프 쓰지 아줌마 쓰겠느냐"는 억지가 훗날의 음식문헌으로 남지 않기를 바란다. 노동과 직업과 제도의 실제에서 당대를 돌파한 경험이 있는 문화만이 내일을 기약하는 법이다.

'밥하는 아줌마 망언'에 부쳐

어린이를 위한 민담은 없다. 어른들은 전해오는 이야기 속에서 원초적인 폭력과 성을 할 수 있는 한 순치한 뒤 듣기와 말하기 교육에, 또는 다만 즐거운 놀이용으로 활용할 뿐이다. 어린이를 위한 우화偶話도 없다. 인간 사회를 동물에 빗대 꼬집은 이야기가 우화다. 인간 사회와 세상의 인심을 곧이곧대로 털어놓았다가는 어린이가 견딜 수 없는 충격을 받게 마련이다. 하지만 어른이라면 원초적인 그 무엇의 안팎, 그리고 이야기의 너머를 보아야 할 테다.

끔찍함을 많이 쥔 우화로 〈토끼전〉이 있다. 이야기의 시작은 용왕의 발병이다. 용왕은 성적인 향락과 술에 빠져 몇 날 며칠을 내리 놀다가 덜컥 죽을병에 걸린다. 평소 굽신대던 고위 관리들에게 나 살릴 방법을 묻자 이런 허무한 소리가 돌아왔다.

"어쩌나?"

"어쩐담!"

"좋은 수 있나?"

"별 수가 있나!"

그리고 다 아는 이야기 너머에 또 다른 이야기가 있다. "별 수가 있나"가 전부인 한림학사 깔따구, 간의대부 모치는 각각 이부상서 농어, 병부상서의 숭어의 자식이다. 실제로 어민들은 다 크지 않은 농어와 숭어의 새끼를 각각 깔따구, 모치라고 한다.

무능한 자들이 아비 덕분에 그 높은 벼슬을 차지하고 있는 용궁이다. 아무 의견이 없으므로, 그 누구도 적으로 둔 적 없는 쏘가리가 용왕의 자문역을 차지하고 있었다. 대대로 6품 벼슬을 넘지 못한 자라는 미치도록 출세하고 싶었다. 고래도 벌떡게도 메기도 도미도 못 오를 육지에 기어코 자라가 가겠노라 나선 데에는 이번 아니면 영영 기회가 없을 것이란 간절함이 자리하고 있었다. 간절해서 뭍에 오른 자라는, 토끼의 자취를 뒤쫓다가 범이 왕 노릇을 하고 있는 산속의 회의를 엿보게 된다.

산속 회의는 용궁에서 열린 어전회의와 닮은 데가 많았다. 회의는 노루, 너구리, 멧돼지의 나이 다툼으로 처음부터 엉망이었다. 사람이 농토를 넓히느라 개간이 이어져 산속이 잠식되니 살 곳이 없다고, 나날이 사냥이 극성이니 살 길을 찾자고 회의가 열렸는데, 그 개시가 연장자 다툼이었다. 간신히 나이 다툼을 진정하고 나자 드디어 안건이 올라왔다. 사냥꾼도 사냥꾼이지만 사냥개부터 해치우자는 힘없는 짐승의 아우성이 울려 퍼졌다. 그러나 엄니도 발톱도 덩치도 보잘것없는 짐승 앞에서만 사나운 산속의 왕 범은 비겁하게 꼬리를 내렸다.

"사냥개 뒤에는 일등 포수가 있다. 사냥개를 잘못 건들였다가 포수의 총에서 번쩍 불꽃이 튀는 순간 내 신세가 어찌 되겠는가?"

그러고도 간식은 필요했다. 범이 허기질 무렵 여우가 다람쥐가 모아 놓은 밤과 도토리를 들추었다. 다람쥐는 여우한테 대들 완력도 용기도 없었다. 다람쥐는 분풀이로 저보다 못한 쥐를 잡았다. 쥐는 울며 겨자 먹기로 모아 둔 양식을 털어 바쳤다. 그러나 범은 고기가 먹고 싶었다. 다시 여우가 나섰다.

"멧돼지 새끼 큰 놈이 사람의 시장에 나가면 열 냥짜리입니다. 멧돼지 새끼 팔아 열 냥어치 맛난 거 사 드십시오."

농장을 지배하는 동물이 힘없는 동포 동물을 인간에게 팔아먹는 장면이 있는 조지 오웰의 〈동물농장〉에 방불이다. 멧돼지가 땅바닥에 박힌 사금파리를 입에 넣고 으득으득 씹으며 분을 삭이지 못해 어쩔 줄을 모르는데 기어코 여우가 한마디 부친다.

"나처럼 세상 살면 아무 걱정 없지. 어디를 가도 제일 힘센

놈 비위만 맞추면 일평생 편치. 남한테 거저 묻어가지."

금수저 깔따구, 모치 대신에 가 본 적도 없는 뭍에서 본 적도 없는 토끼를 찾아 나선 물속 생물은, 신분과 출세의 원한을 품은 자라였다. 아비한테 물려받은 흙수저를 입에 문 자라였다. 엉망인 산속에서 다람쥐는 저만 못한 쥐에게 제 억울함을 넘겨씌웠다. 산중의 임금이라지만 사냥꾼 무서워 사냥개를 못 쫓는 범에게, 멧돼지는 자식을 빼앗기고도 대들지 않거나 대들지 못했다. 제게 엄니가 있음을 잊고 사는 모양이다. 이 모습을 비웃으며 악마적인 쾌감을 느끼는 하수인이 존재한다. 누구보다 얄밉고, 누구보다 밉살맞다.

뱅 돌아 오늘이다. 뱅 돌아 우리 앞이다. 2017년 국민의당 이언주 의원의 '밥하는 아줌마 망언'을 옹호하는 단체의 기자회견이 같은 당 장정숙 의원의 주선으로 열렸단다. 용왕이나 범을 염두에 둔 기자회견인지는 잘 모르겠다. 그 자리에 낀 분 가운데 인간 세계에서 깔따구나 모치 같은 복을 누리고 사는 분이 있는지는 잘 모르겠다. 그 자리에서 "아줌마가 어때서"가 하필 울려 퍼진 모양이다. 여기서 여우는 아주 분명히 보인다. 산속 회의는 곰의 한마디로 닫혔다. 곰은 이렇게 외쳤다. "여우 놈의 웃음소리 뼈 저려 못 듣겠다. 그만 집어치우자."

사족—
또 하나의 음식문헌으로 남김

2017년 6월 29일부터 30일까지 이틀에 걸쳐, 학교 비정규직 노동자들이 비정규직 철폐 및 처우 개선 등을 요구하며 파업에 나섰다. 파업 첫날인 6월 29일 아침, 당시 국민의당 원내정책회의에서 원내 수석부대표를 맡고 있는 이언주 의원이 문제를 언급했다. 다음날 이에 대해 〈SBS〉 보도국 기자가 전화로 그 견해를 취재하자, 파업을 비난하다가 파업 노동자를 가리켜 "미친놈들"이라고 했다. 급식 조리 종사원들에 대해서는 "아무것도 아니다. 그냥 급식소에서 밥하는 아줌마들"이라고 했다. 그러고는 "미친 X들이야 완전히" 하는 표현이 이어졌다. 7월 17일에는 같은 당 장정숙 의원의 주선으로 이를 두둔하는 기자회견이 열렸다. 밥을 하고, 밥을 차리는 사람과 그 노동이 아무것도 아니며, 이에 대해 말을 하다 보면 그럴 수도 있다는 마음씀씀이. 또한 기록해 남겨 마땅하다.

한국인은 돼지고기를
사랑한다고?

"'한국인의 돼지고기 사랑' 운운할 에피소드는 존재하지 않습니다. 상대적으로 자주 접할 수 있고, 게다가 상대적으로 싼 식료를 결국 사랑하게 되긴 하겠지요."

2019년은 기해년己亥年이다. 12지의 동물로 치면 돼지의 해다. 그래서인가, 2019년 초입에는 돼지와 돼지고기에 관해 묻는 전화며 이메일이 부쩍 늘었다. 그런데 '한국인은 돼지고기를 사랑한다'를 뚝 떨어진 명제로 삼는 분들이 있다. 그런 탓에 굳이 위와 같은 답변까지 따로 준비하게 되었다.

인류는 자원을 다음 대에 전수하며 사랑과 기호와 상징을 한 자원에 부여하게 마련이다. 묻는 분께 어깃장 놓기가 아니다. 성심껏 답하느라 앞뒤가 바뀐 소리에 굳이 토를 달고, 내가 할 수 있는 답을 하려는 뜻이다. '황금돼지의 해'까지 운운하면 더욱 난감하다. 금金, 수水, 목木, 화火, 토土. 오행五行의 토에 엮인 것은 10간 가운데 '무戊'와 '기己'이고 그 상징색은 황색이다. 금에 엮인 것은 10간 가운데 '경庚'과 '신申'이고 그 상징색은 백색이다. 신해년辛亥年이 돌아오면 '백금돼지의 해'라 하든지, 외국어 쓰기들 좋아하니 플래티넘Platinum 가져다가 말을 만들든지, 암만해도 기해년은 황토색, '누렁돼지의 해'가 아닌가 싶어 이 글 쓰는 내내 갸웃거리는 중이다.

 '한국인의 사랑'에 이어 '황금돼지'에도 어깃장을 놓고 나면 중국 사람 진수陳壽, 233~297가 쓴 〈삼국지三國志〉까지 찾아 사전 질문지를 만든 분은 울상이 된다. "〈삼국지〉 위서 동이전에 제주도에서 돼지를 많이 키운 기록이 있다면서요?"

 있긴 있다. 그때에는 제주라고 하지 않고, '마한의 서쪽 바다 가운데 큰 섬'이라 했으며, 거기 '주호州胡'라는 공동체가 있는데 그들이 "소와 돼지를 잘 기른다[好養牛及猪]"라고 했다. 제주 목축, 목장의 역사는 방목지가 넉넉한 조건과 뗄 수 없다. 몸집이 큰 소도 한때 방목해 키웠을 수 있다. 풀 뜯어 먹게 방목할 수 있는 조건이 '잘 기르기'의 조건이기도 하다. 돼지는 어떨까. 3세기 양돈의 실제, 모른다. 저때에도 제주의 주호는 배를 타고 한반도를 오가며 장사를 했다는데, 멧돼지를 생포해 일정 규모의 방목지에서 순치했다가, 시세 좋을 때 뭍으로 싣고 가 팔았는지 모른다. '잘 기른다'는 그쯤을 견문한 결과일 수 있다. 그 한마디에는 양돈의 자연 조건, 사회 조건, 기술과 종의 문제 등에 대한 세목은 담기지 않았다. 한편 제주 사람들이 20세기 이후 동물성 단백질을 얻기 위한 가축으로 돼지에 집중해 독특한 돼지고기 음식 문화를 이루었음은 분명하다. 그리고 이 시기는, 안타깝게도 제주 고유종 돼지가 사라지는 시기이기도 하다.

질문자가 순대까지 들고나오면 다시 말을 보탤 수밖에 없다. 지구상 어느 민족도 살코기만 먹은 적 없다. 어느 민족에게도 선지와 창자는 알뜰살뜰 먹을 만한 귀중하고 맛난 식료다. 선지의 양분과 풍미, 그리고 창자의 기름기와 물성과 질감을 결합한 음식은 지구 곳곳에서 먹어온 바다. 서울 종로통에서 보이는 아바이순대나 전주 남부시장 피순대와 구분하기 어려운 소시지도 세계 곳곳에 있다. 영어권의 블랙푸딩, 블러드소시지, 프랑스의 부댕, 중국의 쉐창 등이 좋은 예다. 선지빛깔 아롱진 순대의 기획은 지구 공통이다.

관련한 어깃장 가운데 최악은 아마 '추억의 돼지고기 음식'에 대한 답이었을 테지. 개업 60년을 뽐내는 서울 시내 한 돼지고기 음식점에서였다. 아뿔싸, 탄식이 절로 나왔다. 육고기와 내장을 다루는 집에서, 식료는 길가에 방치된 채였다. 직사광선 아래, 가로의 먼지를 뒤집어쓴 채였다. 채소를 쌓아 올린 붉은 고무통과 음식물쓰레기통이 나란했다. 60년 업력으로 이미 건물을 몇 채나 샀다는 이른바 노포였다. 나는 답했다. 여기 사랑이나 추억을 부여하기는 어렵다고. 결별할 것과는 결별하고 새로이 사랑과 추억을 만들고 싶다고. 새해에 이토록 야박한 순간을 지어냈음을 굳이 고백한다.

복날 먹는 거?

해마다 7월 이때면 특정 주제에 따른 원고 청탁이 돌아온다. 엉겁결에 받은 전화, 대뜸 '복날 먹는 거'로 써달라는 말이 건너왔다. 그 '먹는 거' 가운데 '민어'는 이미 정한 바였다. '이열치열'로 기둥 세우고, '반가 음식'에 '복달임'으로 벽 치고 지붕 인다는 속내를 바로 알아챘다. 갸우뚱하다 답했다. "복달임의 핵심은 지역과 공동체의 휴식, 온열질환 예방을 위한 땡볕 피하기예요. 지혜는 그런 데 있어요. 오로지 먹는 소리면 복달임의 참모습을 말할 틈이 없죠. 휴일의 휴식에 별미 있으면 더 좋겠죠. 삼복 중의 식재료와 음식이 다 복달임이 됩니다. 민물잡어가 그중 만만했고, 잘 익은 과일, 과채가 오히려 청신합니다. 있는 대로 수박, 참외 나누어 먹고 버무리나 개떡쯤이 휴식의 별미로 넉넉했어요."

말 나온 김에 민어 이야기나 좀 하겠다. '민어民魚'는 옛날에는 누구에게나 친근한 어물이었다. '민어鰵魚'로도 썼다. '鰵'은 농엇과, 대구과, 민어과 물고기를 두루 가리킨다. 서유구徐有榘, 1764~1845의 〈난호어목지〉는 민어를 콕 짚어 '민어鰵魚'라 썼다. 정약전 1758~1816의 〈자산어보〉는 민어를 면어鮸魚로 쓰고, 부세를 그 아종으로 여겼다. '鮸'은 옛 문헌에서 큰 조기를 가리키는 말이다. 지역에 따라서는, 민어뿐 아니라 민어를 닮은 살점 넉넉한 흰살 생선을 두루 민어라 했을지 모른다. 〈난호어목지〉는 민어의 다양한 쓰임과 인기를 기록하면서 "무릇 바닷물고기로서 수요가 큰 것 가운데 이 물고기처럼 요긴한 것이 없다"라고 했다. 다 떠나서, 민어는 맛이 좋다.

뼈는 끓이면 끓일수록 짙고 깊고 풍미 그윽한 곰국을 낸다. 기름질oily 뿐 아니라 개운한 지방질의 풍미는, 영어를 빌리면, 잘 익은 버터처럼 녹진하다buttery. 여기에 넉넉한 살점까지 어울린 민어탕은 과연 진미이다. 횟감으로 빠지겠는가. 결을 살린 숙수의 칼질이 연출한 민어회는 씹을수록 기분 좋은 촉감이 잇새를 간질인다. 간질이면서 고소함을 뿜는다. 수분을 적절히 제어하면? 잘 말린 약대구의 예도 있지만, 해풍과 일광에 마른 민어의 감칠맛은 그야말로 폭렬하는 순간이 있다. 찌면 찐 대로 바닷내와 손잡은 달큰함이 배가된다. 구우면 소금이 밀어내고 증폭한 'buttery'한 풍미가 감칠맛과 손잡고 거침없이 먹는 이의 미각에 육박한다. 규모 있게 뜬 포에 달걀옷을 입혀 지진 민어전유어를 보고 있으면, 음식이 이렇게 얌전하고 어여쁠 수가 있구나 싶다. 부레를 포함한 내장은 내장대로 회에 탕에, 또 데쳐 두루 먹었다. 알집으로는 알젓과 어란으로 변신했다. 굴비처럼도 가공하고, 북어처럼도 가공했다.

민어는 여름에만 맛있는 어물이 아니라, '여름에도' 맛난 어물이었다. '복달임에도' 좋았다. 누구에게나 고마운 어물이었다. 그러다 1990년대 들어 먹방을 타기 시작했다. 대중매체는 민어를 두고 복날 먹지 못하면 안될 것처럼 굴었다. 2000년대는 호들갑 고착의 시기이다. 1960년대 이후 보편화한 복달임 음식인 삼계탕과 구별되는 새 기삿거리, 새 방송용으로 요긴했던 것일까. 대중매체는 자연 조건이 바뀌면서 덜 잡히고, 가공의 다양성도 떨어지면서 값이 오른 민어에 '고급' '반가 음식'을 뒤집어씌웠다. 그뿐이었다. 앞서 말한 민어의 미덕은 몸집 큰 흰살 생선에 대체로 깃들어 있다. 농어·대구·보구치·수조기·참조기·부세가 어디 빠지는 자원인가. 크면 큰 대로 깊은 맛이 있고, 상대적으로 작으면 염장하거나 건조하거나 반건조해 다시 맛을 들여 유통해 먹었다. 오늘날에는 그래도 서남해 산지가 그 명맥을 잇고 있다. 이 내력과 가공과 조리와 관능의 세부 그리고 덜 잡히면서 잠깐 잠복한 민어의 가능성은 먹방이 궁금해하는 바는 아닐 테다. 한여름 보통사람의 휴식은? 병어·붕장어·뱀장어·전복·자두·복숭아·보리·밀·옥수수·토마토·감자·고추·호박·가지·오이·연·칡에 이르는 이 철의 먹을거리와 그 음식 문화는? 또한 먹방용 화제는 아닐 테다. 먹방이 궁금해하지 않는 바, 굳이 써 보인다. 복날 앞두고 받은 원고 청탁은 정중히 사양했다.

아직 잘 써본 적이 없는 상상력

벌써 7년 전 과거가 되었다만은 (…) 조선의 요리 독립까지 잃어버리는 것을 구경했다. (…) 장유醬油라는 것이 우리나라 간장을 동화시켜 가지고 소위 선일융화鮮日融和를 실현시켰다. (…) 고추장, 김칫국 몇 가지가 하도 어이가 없는 듯이 한구석에 박혀 있는 꼴이라고는 적막해서 볼 수 없었다.

〈동아일보〉 1923년 3월 3일자에 실린 김재은의 회고다. 이때의 7년 전은 1916년이다. 기미년 만세 시위가 터지기 3년 전이다. 기고자는 '사랑'과 '근심' 때문에 글을 썼다는데 고추장, 김칫국이 한구석에 처박히듯 조선 음식이 처량해진 내력을 돌아보매 이렇다. 일식 전골인 스키야키는 고급 조선요릿집에서 신선로를 진작에 '구축'했다. 스키야키가 밥상 한가운데를 차지하고 일식 절임인 복신지福神漬, 후쿠진즈케가 따라붙었다. 후쿠진즈케라는 '들척지근한 물건'이 조선의 짠지를 '정복'했다. 후쿠진즈케는 일제 군대의 급양이 서양식으로 바뀐 가운데서도 지급된 일식 반찬이다. 또한 양과자는 다식을 대신하고, 정종은 조선의 소주를 '병합併合'해 전횡을 다했다. 그러고는 장유, 곧 일식 간장인 쇼유가 맛 설계의 바탕인 조선의 간장을 동화함으로써 선일융화, 곧 조선 사람의 일본인화가 실현되었다. 선일융화를 뒤이은 통치 구호가 '내선일체内鮮一体'다. 1936년 부임한 제7대 조선총독 미나미 지로가 내세운 바다. 먹어 들어가는 쪽에서야 융화네 한 몸[一体]이네 못할 소리가 없겠지만, 실제로는 한쪽의 절멸을 바라는 수작 아닌가. 1910년 나라 망한 지 6년 만에 조선의 미각 상상력도 음식도 적막한 지경에 이르렀다. 당하는 쪽에서 볼 때에는 한 역사 공동체 절멸의 징후였다.

오늘날의 독자는 이 거친 민족주의 수사에 유치하다는 꼬리표를 망설임 없이 붙일 테다. 하지만 사랑, 근심, 구축, 정복, 병합, 일선융합 같은 엄중한 말의 행간을 더 살피고 싶다. 기고자는 조선인 일상의 사물이 쓰이지 않아서 쓸 수 없는 상황이라고 했다. 그 '쓰이지 않음'이 그저 조선식 일품요리, 반찬, 과자, 술, 장 사용의 빈도가 줄어든 현황만을 가리킬까. 가령 '들척지근함'은 산업화한 식품과 음식이 어린이부터 노인에 이르는 입맛을 단박에 사로잡은 비결이다. 일본제국의 설탕, 세계 최초의 MSG 제품인 아지노모토(그 한국판이 미원이다), 왜간장 셋이 손잡으면 들척지근하기에 대체로 무난한 맛을 쉬이 낼 수 있다. 이때 아지노모토와 왜간장이야말로 일본의 일상 감각에다 일본적인 상상력을 잘 쓴 끝에 얻은 현대 일본의 발명이다.

1908년 일본 화학자 이케다 기쿠나에池田菊苗, 1864~1936는 MSG 제조 기술의 특허를 받는다. 세계 최초로 '감칠맛[旨味, 우마미]'을 규명한 성과가 발판이다. 이 조미료의 열쇠인 글루탐산은 1866년 독일 화학자 리트하우젠Karl Heinrich Ritthausen이 처음으로 발견했지만, 이를 바탕으로 그때까지 미지의 영역에 있던 단맛·신맛·쓴맛·짠맛에 이은 제5의 맛을 객관적으로 설명한 사람은 이케다였다.

그는 회의했다. 일본인 일상의 식재료인 다시마, 가쓰오부시를 우린 맛, 그 맛이 음식과 어울린 일본적인 맛의 실체는 당시 화학 교과서로는 이해도 설명도 불가능했다. 2년에 걸친 독일 유학에서 맛본 아스파라거스, 토마토, 치즈, 고기의 맛에다, 다시마 등에서 온 일본인의 맛을 비교하면 비교할수록 미궁이었다. 그는 자신의 감각에 견주어, 당시의 화학 교과서 속의 네 가지 맛이 설명하지 못하는 제5의 맛을 찾고자 했다. 탐구는 다시마, 건어물, 가쓰오부시로 만든 일본인의 전통 조미료 '다시'를 통해 이루어졌다. 일본의 맛이 인류의 맛으로 객관화하고 산업화한 과정이 이랬다.

이케다 기쿠나에의 성과는 일식 간장과 된장을 세계화할 자신감으로 이어졌다. 일본인은 메이지시대까지도 가지고 있던 열등감, 곧 일본 음식과 일본인의 식생활이 구미의 그것에 견주어 형편없다고 여긴 열등감을 한순간에 걷어냈다. 그 자신감은 깃코만龜甲萬으로 대표되는 일식 간장 산업의 세계화로 이어졌고, 오늘날도 그 유산을 누릴 대로 누리며 살고 있다.

일본 과학기술의 현대적 현현과 산업혁명에는 민족주의에 앞서는 '민족성'이 한가득이다. 오늘날 한식은 어떨까. 민족주의에 기댄 탄식을 넘은, 구체적인 내 유산과 일상 감각의 탐구에서는? 아직 드러내지 못한 가능성을 발현시킬 내 상상력에서는? 여전히 1923년식 탄식뿐이라면 섭섭하지 않은가. 아직 잘 써본 적이 없는 상상력. 쓰지 않아서 쓰지 못하고 있는지도 모를 상상력. 오늘도 설탕·MSG·왜간장으로 들척지근한 백반 한 상 앞에서 사무친다.

차례 앞두고 기억할 말, 가가례

남들이 알아주지 않더라도 섭섭해하지 않는다면 또한 군자답지 않겠는가?[74]

〈논어〉를 열자마자 보이는 공자의 한마디다. 나는 군자 발끝에도 못 미쳐 내가 하는 일, 그러니까 음식 문화사 탐구를 잘 가늠하지 못하는 사람들에게 잘 삐진다. 가령 "설렁탕은 선농제에서 시작됐다" "한국사상 최초로 커피를 마신 사람이 고종이다" 하는 사람 앞에서는 순간 얼굴이 발그레해지고 어김없이 한 번은 쏘아 붙이게 된다. "낭설 수집을 음식 문화사 공부로 착각하면 그 다음이 없어요."

---

74 人不知而不慍, 不亦君子乎

부끄럽게도, 내 군자답지 못한 면모를 자주 들키는 계절이다. 추석 앞두고 차례 상차림을 묻는 전화가 잦다. 대중매체는 여전히 홍동백서紅東白西, 붉은 과실은 동쪽에 흰 과실은 서쪽에, 조율이시棗栗梨柹, 대추·밤·배·감의 차례로 놓기 같은 진설법을 가르치려 든다. 이 철만 오면 무엇이 차례상에 오를 수 있고, 무엇은 올라서는 안 되는가 하는 문제에 정답을 내야만 차례를 지낼 수 있는 것처럼 군다. 다시금 발그레한 얼굴로 단언한다. 홍동백서, 조율이시 같은 말은 꺼낸 쪽에서 증거하라고. 예서는 이런 규약을 논한 적이 없다. 명절 앞두고 기억할 말은 딱 한마디, '가가례家家礼'뿐이다.

가가례, 집집마다 예가 다르다, 집집마다 저마다의 예를 따른다는 말이다. 추석의 차례와 손님맞이를 두고 남의 집에다 감히 감 놔라 배 놔라 할 것도 없고, 내 조상께 예 갖추고 오랜만에 겨레붙이 모이는 데 남의 집 눈치 볼 것 없다는 뜻이다. 고려 시대 이후 예서의 기본으로 자리 잡은 〈주자가례朱子家礼〉, 18세기에 이를 조선화한 〈사례편람四礼便覽〉 어느 책도 차례 상차림을 규범화한 적이 없다. 이이는 1577년에 간행한 〈격몽요결擊蒙要訣〉에서 차례에는 지내는 그때 나는 식료로 음식을 해 올리되 별다른 게 없으면 떡과 과실 두어 가지면 된다고 설명했다.

차례는 원래 축문도 읽지 않고 술도 한 번만 올리는 간소한 의식이었다. 이는 그동안의 민속학 조사가 밝힌 바이고, 오늘날 성균관 전례연구위원회에서 되풀이해 강조하는 바다. 추석 차례는 별 탈 없이 한 해의 수확을 앞두고 있음을 조상에게 알리는 의식이었다. 추석은 농번기를 앞두고 모두가 쉬어가는 휴일이었다. 차례 음식은 올벼로 빚은 술, 구할 수 있는 과일, 그리고 지역이나 집안의 특색 있는 음식으로 충분했다. 퇴계 이황은 간소한 제사와 차례를 강조했다. 그 뜻을 진성 이씨네는 오늘도 이어가고 있다. 파평 윤씨 윤증尹拯, 1629~1714 고택에 전해오는 차례에 쓰는 상은 가로 99cm 세로 68cm에 지나지 않는다. 후손들은 이 상에 과일 셋, 나물, 밥과 국, 그리고 어포와 육포만으로 제물을 차린다. 차례 상차림은 집안 형편과 사는 곳의 지리적 특성에 따라 다른 게 당연하다. 낙지, 문어, 상어, 홍어, 통북어, 꿩, 부꾸미, 파인애플, 바나나, 카스텔라 등 홍동백서며 조율이시에 들지 않는 제물이 보이는 편이 도리어 자연스럽다. 1970년대 이후 대중매체가 추석 차례에 무슨 대단한 규약이 존재하는 듯 굴었으나 이는 소비와 과시의 시대를 맞아 새로 '만들어낸 전통'일 뿐이다. 감히 동포에게 낯을 붉히랴. 낭설로 쌓은 억지가 불편할 뿐이다. 낭설과 억지가 빚은 가짜 전통은 명절에 깃든 평화와 휴식의 풍경, 공동체의 정다운 마음을 바래게 했다.

    이에 더욱 삼삼한 문헌이 정학유의 가사 〈농가월령가〉이다. 정학유는 산과일이 익어가는 음력 8월을 "뒷동산 밤대추는 아이들 세상"으로 노래했다. 명절 쇠며 쓸 식료는 북어와 젓갈용 조기로 충분했다. "신도주[햅쌀술], 올벼송편, 박나물, 토란국"만으로 차례 지내기에 모자람이 없었다. 제물은 이웃집과 나누어 먹었다. 차례를 지내고서 며느리는 '말미', 곧 휴가를 받아 친정으로 떠났다. 삶은 개고기에 떡고리와 술병을 챙겨 오랜만에 집으로 돌아가는 남의 집 따님에게, 시적 자아는 얼굴은 좀 폈는지 묻는다. 그러고는 위로 겸해 당부한다. "중추야 밝은 달에 지기 펴고 놀고 오소." 보름달 아래서 마음껏 놀다 오란 말이다. 밤과 대추를 차지한 아이들, 이웃과 나누는 소박한 제물, 그리고 가사와 농사에 지친 여성의 휴식, 여기 추석의 본래 뜻, 명절의 원래 모습이 깃들어 있다. 더도 말고 덜도 말고 한가위만 같았으면 해서다. 그 마음으로 굳이 문헌을 불러내 낭설과 억지부터 물리친다.

한식 세계화 유감

　권력 앞의 음식은 권력자를 빛내기 위한 장식품이다. 권력자에게 한식을 바친 사람은 중세 궁중의 하인에 지나지 않았다. 대통령에서 수감자로 전락한 이명박의 처 김윤옥이 꺼든 한식 세계화 사업, 그리고 박근혜·최순실 게이트 아래 사라진 미르재단의 "'한식 DNA'를 품은 글로벌 셰프 양성" 기획 속의 한식은 권력자가 상상하는 음식, 그리고 그 권력에 부역하는 음식을 잘 드러낸다. 이들이 억지로 만든 한식은 한국인이 먹어본 적도 없고, 한국인이 먹을 일도 없는 한식이다. 다만 사진과 영상은 잘 받아서, 특정 인물을 위한 장식품으로는 꽤 쓸 만한 소품이었다.

　이제는 매체도 권력이다. 온갖 매체가 몇몇 요리사를 연예인으로 떠받들고 있다. 성공했다는, 최상위 0.1%에 드는 한식당, 세계인의 입맛을 사로잡았다는 한식당이 매체를 수놓는 즈음이다. 예전의 공중파 방송이 연예인 거느리듯, 오늘의 인터넷 매체가 준연예인 요리사를 움켜쥐려 한다. 영상을 화려한 음식으로 아로새기고, 그러느라 요리사는 본질보다 과시가 앞서는 요리를 쥐어짜 매체에 가져다 바친다.

이런 시대에 내가 만난 30대 요리사는 자신의 처지와 사뭇 다른, 도저히 공감할 수 없는 한식 세계화 담론, 한식 담론 앞에서 지독한 자괴감을 느끼고 있었다. 아울러 지독한 혼란을 느끼고 있었다. 가령 그동안 대통령 부인에서 대통령, 그리고 기관장이 주인공으로 둔갑한 '한식 화보' '한식 홍보물'은 어떤가. 주인공이 마땅히 음식이어야 할 자리에, 요리사가 드러나 마땅할 자리를 특정 인물이 차지한다. 음식 하는 사람이라면 입지 않을 옷을 입고, 머리 장식을 하고, 짙은 화장을 하고, 어색한 동작으로 음식 주무르는 사진을 찍는다. 음식이 있을 자리, 요리사가 있어야 할 자리를 권력 있는 사람이 독차지한 화보를 펼쳐 놓고, 청년 요리사가 탄식했다.

"우린 하인이니까요."

매체의 시대, 영상의 시대에 음식의 매력과 본질을 매체와 영상에서 보다 잘 드러나도록 하는 연출이란 요리사에게도 필요한 작업이다. 그러기에 청년 요리사는 더욱 화가 났다.

"음식을 찍어야지 왜 그 사람을 찍어요? 그럼 한식 화보가 아니라, 그 사람 화보잖아요. 그 사람 홍보잖아요."

외국인 취향 한식, 외국인 입맛에 맞는 한식이라는 식의 한식 세계화 담론 앞에서는 거의 절망했다.

"외국인 입맛에 맞춘다고 제 나라 음식을 바꾼 나라가 있어요? 그게 가능은 해요? 그리고 그 외국은 어디래요. 미국, 서유럽, 일본 사람만 외국인이에요?"

그러고 보니 내가 만난 한 민속학 연구자는 한식 세계화 사업을 '외국인에게 칭찬받겠다는 강박'이라며 비판한 적 있다. 그때 나는 한식 세계화 사업을 '서구(북미를 포함해서) 백인에게 아첨하는 짓'이라고 맞장구쳤었다.

울분에 찬 청년 요리사는 실제 여행 경험으로나, 한국 속 국제 경험으로나, 인터넷 경험으로나 이전 세대하고 전혀 다른 '외국'을 감각하며 오늘에 이른 사람이다. 이 청년 요리사가 겪고 지나온 세계는, 미국, 서유럽, 일본을 못 벗어난 사람들의 세계보다 훨씬 넓은 세계이다. 청년 요리사는 한식 세계화를 부르짖는 사람보다 더 큰 세계, 온 지구를 염두에 두고 걱정했다.

"푸드 트립(식도락 여행)? 낯선 데 가는 게 여행이죠. 낯선 음식도 먹고. 한국이 낯선 만큼, 여행자는 낯선 음식, 낯선 맛을 기대할 수도 있을 텐데. 음식이란 게 낯선 상차림, 낯선 음식점 공간까지 다 작용하는 복잡한 건데. 서울에서 맥도날드 못 찾아 굶어죽을 외국인은 없을 거고."

이윽고 청년 요리사는 보다 근본적인 물음으로 들어섰다.

"세계화가 뭐예요? 아직 한식은 무언지, 한식은 어떻게 해야 하는지 잘 모르는데. 한식을 세계화하는 게 뭔지, 왜 세계화해야 하는지 물어본 적도 없잖아요."

다시 실제로 건너가니 이렇다.

"배울 데나 있었으면 좋겠어요. 코르동블루, 시아이에이, 츠지, 핫토리 수준으로 뭘 배울 만한 한식 학교가 없는데. 실습 나갈 마땅한 한식당도 드물고."

외국인 입맛에 맞춘 한식이 세계인의 입맛을 사로잡았다는 관계자들끼리의 호언장담, 관계자만 아는 구미, 일본 출신 외국인이 인사로 건넨 "맛있어요"가 출발선일 수 없다. 청년 요리사는 쓰게 웃으며 말했다. "내 처지, 현실, 근본적인 질문, 앞으로 할 일을 정직하게 확인하는 데가 출발선 아니겠느냐"고 반문했다. 다만 음식에, 한식에 머물 말이 아니었다.

출발, 원점, 본질에 대한 탐구 없이 우리는 너무 섣불리 세계화 같은 말을 받아들였다. 너무 뻔해서 맥이 풀리는 이야기는 조금 미루자. 그보다 먼저, 근거 없는 자부심도, 서구 사람들에게 칭찬받고 싶어서 안달이 난 열등감도 없이, 오로지 좋아서 한식 일을 하는 사람을 만나고 싶다. 한국 밖에서, 조금 다른 각도의 한식을 자기 분야로 삼고 일하는 벨기에 요리사 애진의 경우다.

애진은 출생지가 한국일 뿐인 벨기에 헨트Gent 사람이다. 입양이라는 전형적인 경로를 통해 벨기에 사람이 된 애진은 크면서 점점 한국 음식이 궁금해졌고 몇 년 전, 한국을 들러 한국 음식을 제대로 접하게 되었다.

모든 게 조각 맞추기 같아. 마침 내 딸도 다 커서 나 혼자 여행도 다니고 싶고, 내 일을 찾고 싶은데, 벨기에에서는 건강한 음식, 자연스러운 음식, 혼자 말고 같이 해서 나누어 먹는 거, 그런 데 관심이 높아지고 있었어. 내가 한식을 많이 먹어보지는 못했어도, 한식이 벨기에 유행하고 맞을 줄 알았어. 바로 한국으로 갔지.

한국에 온 애진은 한국 서민이 먹는 음식을 접하는 한편 서울과 지리산을 오가며 한국 음식을 배우기 시작했다. 애진에게 장을 가르친 지리산 맛있는부엌 고은정 대표는 애진이 "한국 장맛과 깃코만(일본 간장 상표) 장맛이 다르다는 걸 단박에 알아차렸다"고 기억한다. 이 까다로운 요리사는 한국식 삼겹살을 벨기에에 들여가 속된 말로 대박을 냈다. 김치도, 된장도, 쌈 싸 먹기도, 심지어 주황색 원통 식탁과 불판도 그대로 들여갔다. 하다하다 한국에 있는 친구에게 합성수지 빨강 의자를 부쳐달라는 부탁까지 했다.

한국에서 하던 그대로 잘될 줄 확신했지. 벨기에 사람들이 바비큐를 워낙 좋아하니까. 한국 사람들이 동그란 식탁에서 고기 굽는 모습이 정말 인상적이었거든. 전에 못 보던 새로운 모습이고, 유럽에서 오직 나만 차릴 수 있고.

그러면 벨기에 사람들은 한국 음식을 맛으로 먹는 거야, 재미로 먹는 거야? 여기서 다시 애진의 말문이 터졌다.

원래 유럽 애들은 바비큐를 구워서 혼자 한 접시 놓고 먹어. 그런데 같이 둘러 앉아 먹기도 재밌더라고. 게다가 새롭지. 신기하고 재밌었어. 벨기에 사람들에게 한국 삼겹살 구이는 익숙한 방식이야. 익숙하되 새롭고 재밌고 맛있다는 거, 내가 주목한 건 그거야. 나는 잘될 줄 알았어. 처음부터 확신했어.

복잡한 설명이 필요없이 공감대를, 접점을 파고든 것이다. 재미와 맛은 어느 쪽이 앞선다기보다 서로 손을 잡고 있다.

내 음식이 성공적이라 해도, 한국 음식을 처음 접하는 90%

의 손님은 첫 경험이야. 나머지 10%가 입양이든 친구든 여행 때문이든 한국과 인연 있는 사람, 그리고 호기심 많은 미식가? 그런데 내 음식이 진짜 한국식이어서 다시 오지. 새 음식을 더 깊이 알고 싶은 사람한테 진짜 한국식으로 내놓는 거야.

더 묻기도 전에 애진이 설명을 보탰다.

나는 한국 음식의 본질적인 철학을 전달하려 해. 소박하고 복잡하지 않으며 건강함이 있다는 느낌, 여럿이 함께 먹는 느낌, 사회적인 행동이 있는 식탁, 이런 것으로 한식으로 설명하지. 자연을 존중하고 자연을 따르는 음식으로 한식을 설명하지.

애진은 자신의 한식 사업을 한마디로 말해 '자신이 이해한 본질적인 한식 철학'을 전하는 일이라고 말한다. 이때 지나치게 복잡하게 조리하거나, 어떻게 조리했는지 알 수 없게 뒤섞는 음식, 풍미가 뻔한 슈퍼마켓 조미료 음식은 자신이 바라는 바가 아니라고 한다. 간소하고, 자연스럽고, 자연을 존중하는 음식, '웨스턴 라이프'와는 다른 한식을 해나가고 싶다고 한다.

한국의 자연으로부터 온 음식 또는 한국 자연으로 다가가려는 음식이 한식이야. 이게 본질이야. 내 생각엔 그래. 한국뿐 아니라 더 많은 사람이 좀더 자연으로 다가가려는 음식을 해야. '웨스턴 라이프'만으로 살면 공장식 음식을 극복할 수 없어. 섭취하는 방식도 한식이 훨씬 자연에 가깝다고 봐.

이쯤에서 '한식 세계화'란 말을 들어 봤는지 물었다. 애진의 대답은 간단했다. 알고 있고, 행사에도 가 보았단다. 정부 광고를 집행하는 센터도 접한 적 있단다.

한국이 부자 나라인 줄은 알겠는데, 사실 유럽만큼 돈이 많은 줄도 알겠는데, 이런 프로모션이 특정 식품 회사와 특정 제품 홍보에 그친다면 무슨 효과가 있지? 더구나 행사장에 나 같은 사람은 드물고 유럽에 와 있는 한국 사람이 대부분인데? 한식을 정말 알리고 싶다면, 기업 제품을 뿌릴 게 아니라 철학을 가지고 스토리텔링을 해야지.

쓴소리를 더 들어보자.

한국 정부는 왜 유럽에 나와서 한국인을 상대로 프로모션을 하는지 반성해야 해. 돈은 꽤 쓰는 것 같아. 하지만 창의적이고 실용적이어야 해. 꾸준히 음식점을 열 현지 요리사와 협업하고, 한식은 무엇을 어떻게 만들어 먹는지를 유럽 사람에게 가르칠 때 진짜 시작이야. 더구나 간장, 된장 같

〈한국일보〉 2016년 12월 5일자 26면 "한식, 해외 한국인에게만 홍보하는 '맹탕 세계화'"

은 장은 한식의 특징과 개성을 설명할 때 본질적인 요소야. 슈퍼마켓 제품 뿌리기는 효과 없어. 본질을 아는 사람이 더 잘할 수 있어. 기업 브랜드 소개가 아니라 음식이 어떻게 태어나는지 알려주고, 음식을 통해 '정신'을 경험하도록 해야지. 핵심은 '하우 투 쿡'이야.

애진은 몇 년 사이에 '하우 투 쿡'을 실제로 몸에 새겼다. 특정 한식만 좋아하지 않아서 매끼니 떠오르는 한식을 바로 해 먹는다고 한다. 한국 미역, 김, 생선, 김치, 간장, 고추장, 된장은 풍부한 영감을 주고, 다양한 요리 활동으로 자신을 이끈다고 다시 한 번 강조한다.

나는 벨기에 사람들에게 이렇게 설명해. 한식에 행복해지는 방법, 정말 건강하게 사는 방법이 있다고.

경청해야 할 데가 분명 있다. 프로모션은 철저히 현지인을 향할 것, 한식의 본질을 생각할 것, 한국 음식의 본질은 한국 자연에서 왔음을 염두에 둘 것, 단순 제품 광고가 아니라 '하우 투 쿡'으로 현지인을 만나고 철학으로 매력으로 뽐낼 것 등.
애진의 말을 놓고 한국 현실과 동떨어진 채 지나치게 한식을 낭만화한다고 흠 잡기란 어렵지 않다. 애진은 아무튼 벨기에 사람 아닌가! 그 점을 감안하더라도 애진의 생각과 행동이 낭비에 그친 한식 세계화를 훨씬 뛰어넘은 데 자리하고 있음은 쉬이 알 수 있다. 한식을 고민하는 사람들에게 비상한 시사점을 던진다. 내겐 아직도 여운이 남는다.[75]

---

75 인터뷰에 도움을 주신 카카오봄 고영주 대표께 이 자리를 빌려 감사드린다. 까다로운 통번역 일체를 애진의 오랜 벗 고영주 대표께서 맡아주셨다. 인터뷰는 2016년 11월에 진행되었으며, 그 주요 내용이 〈한국일보〉 2016년 12월 6일자 특별 기획에 실렸다.

온전한 밥 그릇을 누리는 삶

그릇은 음식의 마침표이자 화룡점정이다. 음식은 잘 빚은 그릇을 만나 비로소 제대로 된 '한 그릇'이 된다. 그릇은 음식의 온기만을 담는 데 그치지 않는다. 음식을 마구 쏟아 놓아서는, 음식은 음식이 되지 못한다. 밥을 밥그릇에 담고, 국을 대접에 뜨고, 장이며 반찬이며 일품요리를 마침맞은 기명에 놓은 다음에야 온갖 먹을거리가 마침내 제자리를 찾는다. 그리고 나서야 사람의 입속으로 들어간다. 밥솥, 국솥, 기름솥, 번철, 석쇠, 화덕에서 아직 열기를 품고 있는 먹을거리에 바로 맨입술, 맨손을 가져다 댈 수 있는 사람은 없다. 열기가 빠졌다고, 또는 입술 대고 손 댈 수 있을 만큼 식었다고 솥에 고개를 처박는 사람이 있는가. 국자, 숟가락, 젓가락, 집게, 뜨개 등은 규모와 형식이 다른 또 하나의 그릇이다.

그릇은 이렇듯 일상과 함께하는 구체적인 사물이다. 그래서 어떤 이는 그릇을 놓고 한 나라의 문화 역량과 삶의 질을 가늠하기도 했다. 배울 점이 있다면 병자년의 수치는 잠깐 제쳐 두자, 청나라면 어떠냐 배울 점은 배우자고 주장한 박제가朴齊家, 1750~1805가 그랬다. 그는 〈북학의北學議〉에서 이렇게 말했다.

중국 자기는 섬세하지 않은 것이 없다. 비록 횅한 마을, 다 쓰러져 가는 집에도 고급진 그림 그린 병, 술잔, 주전자, 사발 등속이 있다. 사람들이 꼭 사치를 좋아해서가 아니다. 그릇 빚고 굽는 쟁이[土工]의 일은 당연히 그래야 하는 것이다.

임금과 회식도 하는 사람이, 몇 차례 잘사는 나라 다녀왔답시고 뱉은 불평이 아니다. 사치품 부럽다는 소리가 아니다. 그릇에 대고 우리가 지금 정말 잘 살고 있는지를 묻는 것이었다. 구체적인 사물을 통해 미래를 기획하자는 제안이었다. 쓰는 쪽에다가도 이런 마음을 되새겼다.

대개 물건이 오래 가는지 금세 부서지는지는 물건을 어떻게 간수하느냐에 달린 것이지 그릇 두께에 달린 것이 아니다. 그릇의 단단함을 믿고 방심하기보다는 조심하는 마음으로 그릇을 아껴 쓰는 편이 훨씬 낫다.

일상생활의 내용을 이루는 구체적인 사물이 조잡하기에 조선 사람들의 마음과 삶까지 거칠어졌다는 것이 박제가의 진단이다. 조잡한 그릇과 사람들의 거친 마음, 그리고 나라의 엉성하고 못난 국정 운영이 서로 손에 손을 잡고 있다. 그러니 숙련 기술자를 길러 보자. 구체적인 사물을 통해 악순환의 한 고리라도 끊어보자고 했다. 기술자가 대접받는 사회의 예로, 임진년의 수치를 잠깐 제쳐 두고 일본을 거론하기도 했다. 일본에는 분야마다 '천하제일' 소리를 듣는 기술자가 있다는 것이다.

삶의 내용, 구체적인 사물을 염두에 둔 진단과 미래 기획이라니, 오늘날에도 대단한 설득력이 있는 말이고 생각이다. 하지만 이런 말과 생각은 그 다음으로 건너가지 못했다. 구체적인 사물로 영글 기회를 자꾸만 놓치다 1910년 8월에 이르렀다. 1910년 8월 16일 제3대 한국통감 데라우치 마사타케는 내각총리대신 이완용을 통감관저로 불러 병합과 관련한 각서를 전달한다. 이완용의 반응은 한국이 사라지더라도 황실에 대한 예우는 보장해달라는 요청뿐이었다. 8월 18일 이에 따라 한국 내각회의가 열렸다. 병합에 대한 저항이 없는 한가한 회의였다. 8월 22일 어전회의에서 순종은 한국의 통치권을 '대일본국 황제폐하'에게 '양여讓与'한다는 조령을 내린다. '양여'란 내 것을 남에게 아무 조건 없이 넘긴다는 뜻이다. 대한제국의 황제는 전제군주다. 곧 국가 권력을 황제가 다 가지고 민의나 법률의 제약을 받지 않았으니 국민도 영토도 주권도 제 혼자 남에게 줄 수 있는 군주였다.

이날 오후 데라우치와 이완용이 전권위원이 되어 병합조약이 조인되었다. 이 조약이 공포, 시행된 1910년 8월 29일부로 나라가 없어졌다. 일본제국의 일부로 전락했다. 삶의 질이고 문화 역량이고 미래고 다 하릴없는 노릇이 되었다. 이제 살아남는 데에, 제국주의 전쟁범죄의 하수인을 면하는 데에 우선 급급할 수밖에 없었다. 온전한 밥그릇을 누리는 삶, 보통 사람에게 실팍한 그릇 하나씩은 돌아가는 삶에 대한 기획이 실제로 의미가 있기까지, 우선 숨통이라도 틔우기까지, 한국인은 1945년 8월 15일을 기다려야 했다.

   8월이면 숨이 막힌다. 먹고 살자니 오이로 복숭아로 민어로 냉면으로 맥주로 빙수로 달려가야 하는데, 그저 그러기에는 뭔가 켕긴다. 말로 이루 다할 수 없는 착잡함이 온몸에 감긴다. 8월 16일부터 29일 사이, 되감아 8월 15일은 먹는 얘기를 하기가 무척 힘든 때다. 이 켕김, 착잡함은, 그러나 제대로 겪어야 할 긴장이고 불안이다. 잡아야 할 갈피이다. 미식 따위 한순간에 허망한 노릇이 될 수 있음을 굳이 되새긴다. 국치일이 낀 8월이다.

자료출처 및 참고문헌

1. 고문서, 고조리서, 민속자료

- 경북대학교 중앙도서관 고서실
- 고려대학교 해외한국학자료센터 http://kostma.korea.ac.kr
- 국립민속박물관(한국)
- 국립중앙도서관(한국)
- 국사편찬위원회 한국사데이터베이스 http://db.history.go.kr
- 부산광역시립시민도서관 디지털고문헌실
  http://siminlib.koreanhistory.or.kr/dirservice/listSMLMain.do
- 서울대학교 규장각 한국학연구원
- 성균관대학교 동아시아학술원 존경각
- 한국고전번역원 한국고전종합DB http://db.itkc.or.kr
- 한국학중앙연구원 장서각
- 中國哲學書電子化計劃 http://ctext.org/zh
- 漢籍リポジトリ http://www.kanripo.org
- 古典籍總合データベース(早稻田大学図書館)
  http://www.wul.waseda.ac.jp/kotenseki
- 国立国会図書館(日本)

2. 미국과 유럽의 조선 및 식민지조선 기록

- 국립중앙도서관
- 명지대학교 LG연암문고
- 뉴욕공공도서관 New York Public Library
- 미국도서관협회 American Library Association
- 영국도서관 British Library
+ 이상 기관의 디지털컬렉션 및 인터넷 영인 서비스

3. 해방 이전 신문잡지, 관보, 기타 자료

- 국가기록원 http://www.archives.go.kr/next/viewMain.do
- 국립중앙도서관
- 국립중앙도서관 대한민국신문아카이브 http://nl.go.kr/newspaper
- 국사편찬위원회 한국사데이터베이스 http://db.history.go.kr
- 아단문고 http://www.adanmungo.org
- 조선총독부관보활용시스템 http://gb.nl.go.kr

4. 단행본

고영, 〈허생전 공부만 한다고 돈이 나올까〉, 아르볼, 2017.
고영·김민섭·김현호, 〈거짓말 상회〉, 블랙피쉬, 2018.
고영주, 〈초콜릿 학교〉, 달, 2009.
고은정 글, 안경자 그림, 〈김치 도감〉, 현암주니어, 2019.
김경애, 〈채소가 좋아지는 에코레시피〉, 시금치, 2011.
김상보, 〈조선시대의 음식문화〉, 가람기획, 2006.
김상보, 〈한식의 도를 담다〉, 와이즈북, 2017.
김태호, 〈근현대 한국 쌀의 사회사〉, 들녘, 2017.
다시로 가즈이, 〈왜관〉, 정성일 옮김, 논형, 2005.
다이텐, 〈18세기 일본 지식인 조선을 엿보다 - 평우록〉, 진재교 외 옮김,
    성균관대학교 출판부, 2013.
박제가, 〈북학의〉, 안대회 옮김, 돌베개, 2013.
박찬일, 〈지중해 태양의 요리사〉, 창비, 2009.

박찬일 글, 노중훈 사진, 〈백년가게〉, 중앙m&b, 2014.
박찬일 글, 노중훈 사진, 〈노포의 장사법〉, 인플루엔셜, 2019.
박채린, 〈조선시대 김치의 탄생〉, 민속원, 2013.
박채린, 〈통김치 탄생의 역사〉, 민속원, 2013.
신익철 엮음, 〈연행사와 북경 천주당〉, 보고사, 2013.
심노숭, 〈눈물이란 무엇인가〉, 김영진 옮김, 태학사, 2002.
쑨지, 〈중국 물질문화사〉, 홍승직 옮김, 알마, 2017.
아메노모리 호슈, 〈한 경계인의 고독과 중얼거림〉, 김시덕 옮김, 태학사, 2012.
유승훈, 〈작지만 큰 한국사, 소금〉, 푸른역사, 2012.
윤현숙 외, 〈소금과 새우젓〉, 민속원, 2010.
이기지, 〈일암연기〉(원문편 및 역주편), 조융희·신익철·부유섭 옮김,
　　한국학중앙연구원출판부, 2016.
이은희, 〈설탕, 근대의 혁명〉, 지식산업사, 2018.
이정희, 〈한반도 화교사〉, 동아시아, 2018.
이정희, 〈화교가 없는 나라〉, 동아시아, 2018.
이한창, 〈장 역사와 문화와 공업〉, 신광출판사, 1999.
이한창, 〈장보〉, 따비, 2016.
장유정, 〈다방과 카페, 모던보이의 아지트〉, 살림, 2008.
정은정, 〈대한민국 치킨전〉, 따비, 2014.
정희정·이혜란·김혜란, 〈조선왕실 제사에 바친 떡과 과자〉,
　　한국학중앙연구원출판부, 2018.
주영하, 〈식탁 위의 한국사〉, 휴머니스트, 2013.
주영하, 〈한국인은 왜 이렇게 먹을까〉, 휴머니스트, 2018.
주영하·김혜숙·양미경, 〈한국인, 무엇을 먹고 살았나〉,
　　한국학중앙연구원출판부, 2017.
주영하·오영균·옥영정·김혜숙, 〈조선 지식인이 읽은 요리책〉,
　　한국학중앙연구원출판부, 2018.
진경환, 〈조선의 잡지〉, 소소의책, 2018.
하인리히 E. 야콥, 〈빵의 역사〉, 임지원 옮김, 우물이있는집, 2002.
황교익, 〈한국음식문화박물지〉, 따비, 2011.
황교익·정은숙, 〈서울을 먹다〉, 따비, 2013.

5. 논문 및 연구발표

고영, 〈화교문화와 한국 음식문화사〉, 제5회 한국화교화인연구회 발표 요지(2019년 6월 29일).
김동건, 〈이기지의 〈일암연기〉 연구〉, 한국학중앙연구원 석사학위 논문, 2007.
김춘동, 〈한국 빵 문화 변천의 사회문화적 과정〉, 《민주주의와 인권》, 제16권 제4호, 2016.
김호연, 〈서양인들이 체험한 한국 음식문화에 대한 시각 – 개화기 그리고 21세기 변화양상을 중심으로〉, 《언어와 문화》, 제6권 제1호, 2010.
신익철, 〈이기지의 일암연기와 서학 접촉 양상〉, 《동방한문학》, 제29집, 2005.
안대회, 〈18·19세기의 음식취향과 미각에 관한 기록 – 沈魯崇의 孝田散稿와 南遷日錄을 중심으로〉, 《동방학지》, 제169집, 2015.
오미일, 〈일제강점기 경성의 중국인 거리와 '魔窟' 이미지의 정치성〉, 《동방학지》, 제163집, 2013.
오세미나, 〈일제시기 빵의 전래와 수용에 대한 연구 – 군산의 근대 제과점 이즈모야[出雲屋]를 중심으로〉, 《지방사와 지방문화》, 제15권 제1호, 2012.
울산학연구센터, 〈울산 염부들의 구술사, 울산 소금이야기〉(비발매 보고서), 울산발전연구원, 2014.
이규진, 〈근대 이후 100년간 한국 육류구이 문화의 변화〉, 이화여자대학교 식품영양학과 박사학위 논문, 2010.
이시재, 〈근대일본의 '화양절충(和洋折衷)'요리의 형성에 나타난 문화변용〉, 《아시아리뷰》, 제5권 제1호, 2015.
이은희, 〈근대 한국의 제당업과 설탕 소비문화의 변화〉, 연세대학교 사학과 박사학위 논문, 2012.
이은희, 〈6.25 전쟁구호물자와 서울시민의 식생활 변화 – 밀가루, 설탕, 우유를 중심으로〉, 2017. : 2017년 8월 24일 서울역사편찬원에서 열린 연구발표의 발표문. 발표와 토론을 걸쳐 수정한 논문은 서울역사편찬원이 발간한 《6.25전쟁과 1950년대 서울의 사회변동》, 2018에 수록되었음.
이준갑, 〈이기지(1690~1722)의 〈일암연기〉에 묘사된 '작은 서양'〉, 《한국학연구》 제43집, 2016.
장지현, 〈한국 저채류 제조사〉, 《민족문화연구》 제6권, 고려대학교출판부, 1972.
주영하, 〈동아시아 식품산업의 제국주의와 식민지주의: 깃코망형 간장,

아지노모토, 그리고 인스턴트라면〉,《아시아리뷰》, 제5권 제1호, 2015.
한석정,〈식민, 저항, 그리고 국제화 – 20세기 동아시아 맥주의 확산에 관한 연구〉,《사회와 역사》, 제110집, 2016.

찾아보기

문헌

〈감자〉 93, 94
〈격몽요결〉 252
〈경도잡지〉 119, 207
〈고려사〉 219
〈고시위장원경처심씨작〉 16, 126
〈규합총서〉 128
〈근대 한국의 제당업과 설탕 소비문화의 변화〉 111
〈금양잡록〉 17
〈난호어목지〉 200
〈노가재연행록〉 147
〈논어〉 136, 251
〈농가십이월속시〉 196
〈농가월령가〉 31, 195, 196, 205, 206, 210, 211, 220, 224, 253
〈농사직설〉 17
〈다방과 카페, 모던보이의 아지트〉 104
〈대한매일신보〉 76, 87, 93, 99
〈대한민국 치킨전〉 34
〈도문대작〉 130, 132, 216
〈도하세시기속시〉 211, 213, 214
〈독립신문〉 99
〈동국세시기〉 32, 72, 118, 197, 205, 207, 213, 216
〈동명왕편〉 166
〈동물농장〉 238
〈동아일보〉 91, 92, 95, 96, 100, 107, 108, 109, 247
〈동지〉 204, 207
〈망악〉 141
〈매일신보〉 25, 26, 41, 100, 102, 178, 180, 183
〈몽어유해〉 20
〈무정〉 41, 100, 178, 179
〈문장〉 99
〈문장강화〉 99, 145
〈민옹전〉 89, 90
〈별건곤〉 19, 23, 26, 42, 43, 112, 113
〈보헤미안의 애수의 항구, 일다방 보헤미안의 수기〉 106
〈부인필지〉 208
〈북학의〉 266
〈불꽃의 말〉 161
〈사례편람〉 252
〈산가요록〉 34, 37
〈삼국사기〉 38, 219
〈삼국유사〉 219
〈삼국지〉 23, 242

〈상투의 나라〉 101
〈선화봉사고려도경〉 60
〈설문해자〉 90
〈설탕, 근대의 혁명〉 48
〈성소부부고〉 213
〈소설가 구보씨의 일일〉 103
〈시의전서〉 32, 33, 44, 45, 200
〈어전과자비전초〉 66
〈언더우드 부인의 조선견문록〉 101
〈여성〉 33
〈여씨춘추〉 90
〈열양세시기〉 118, 213
〈염책〉 81
〈오주연문장전산고〉 73
〈왕서방 연서〉 93
〈왕오천축국전〉 142, 143
〈위대한 개츠비〉 161
〈유서필지〉 125, 126
〈은자의 나라 한국에서〉 169
〈음식디미방〉 200, 223
〈음식책〉 45, 60, 61
〈이븐 바투타 여행기〉 144
〈이탈리아 기행〉 144
〈인형의 집을 나와서〉 103
〈일암연기〉 148
〈일일활용조선요리제법〉 109
〈제향루집서후〉 134
〈조선만화〉 223
〈조선무쌍신식요리제법〉 72
〈조선 서해 탐사기〉 165
〈조선요리제법〉 109
〈조선일보〉 100, 103, 109, 110
〈조선중앙일보〉 24, 26, 103, 104

〈조선총독부통계연보〉 95
〈주방문〉 128, 214
〈주식방문〉 199
〈주자가례〉 252
〈중앙〉 99
〈중외일보〉 106, 107
〈착빙행〉 38
〈첨세병〉 117
〈침초자〉 39
〈토끼전〉 236
〈통역수작〉 185
〈포박자〉 90
〈프랑스 외교관이 본 개화기 조선〉 170
〈하멜 표류기〉 163
〈한성순보〉 99, 100, 101
〈한성주보〉 99
〈해사록〉 153
〈허생전〉 227
〈황성신문〉 87, 93, 99, 102, 180

인명

공자 136, 251
괴테, 요한 볼프강 폰 144
김경애 56, 58
김려 16, 126, 127
김매순 118, 119, 213
김세렴 153
김창업 147, 148
김창협 38
김현 161

김형수 196, 197, 201
다카하시 노보루 62
두보 141, 142, 144, 146
박제가 266, 267
박지원 89, 227
박태원 103
박필성 147, 149
방신영 24, 109, 121
브리야사바랭, 앙텔름 27, 29, 46
빙허각 이씨 208
서긍 60
서유구 200
심노숭 27, 29, 134, 135, 136
오다 이쿠고로 185
오웰, 조지 238
왕사 148
유득공 119, 207
윤증 253
이곡 204, 207
이광수 41, 100, 178
이규경 73
이규보 166
이기지 141, 146, 147, 148, 149,
　　　 150, 151, 152, 153, 154, 155,
　　　 156, 157, 158, 159
이덕무 117
이백 142
이븐 바투타 144
이시필 151
이용기 72
이은희 48, 111
이이명 146, 147, 149, 150, 159
이정모 53

이헌구 106
장유정 104
정약용 45, 81
정은정 34, 58
정학유 31, 195, 196, 197, 205, 206,
　　　 210, 220, 253
주영하 57, 186
진수 242
채만식 103
피츠제럴드, F. 스콧 161
하멜, 헨드릭 162, 163, 168
허균 130, 131, 132, 213, 216
혜초 142, 143, 144, 146
홀, 바실 164, 165
홍석모 32, 72, 73, 118, 119, 197,
　　　 198, 199, 205, 211, 213, 214